FORSCHUNGSBERICHT DES LANDES NORDRHEIN-WESTFALEN

Nr. 2998 / Fachgruppe Wirtschafts- und Sozialwissenschaften

Herausgegeben vom Minister für Wissenschaft und Forschung

Dipl. -Volkswirt Dieter Perdelwitz
Dipl. -Volkswirt Franzjosef Schafhausen
Finanzwissenschaftliches Forschungsinstitut
an der Universität zu Köln

Internationaler Vergleich der Energiebesteuerung

Westdeutscher Verlag 1980

CIP-Kurztitelaufnahme der Deutschen Bibliothek

Perdelwitz, Dieter:
Internationaler Vergleich der Energiebesteuerung / Dieter Perdelwitz ; Franzjosef Schafhausen. - Opladen : Westdeutscher Verlag, 1980
(Forschungsberichte des Landes Nordrhein-Westfalen ; Nr. 2998 : Fachgruppe Wirtschafts- und Sozialwiss.)
ISBN-13: 978-3-531-02998-6 e-ISBN-13: 978-3-322-88215-8
DOI: 10.1007/978-3-322-88215-8

NE: Schafhausen, Franzjosef:

Gesamtherstellung: Westdeutscher Verlag

ISBN-13: 978-3-531-02998-6

INHALT

Verzeichnis der Übersichten, Abbildungen und Schaubilder

Seite

1. Ziel einer vergleichenden Studie

Die gegenwärtige Diskussion um die Sicherung der zukünftigen Energieversorgung sieht als Instrument zur Durchsetzung dieses energiepolitischen Ziels eine Vielzahl von finanzpolitischen Maßnahmen vor [1]. So ist beispielsweise vorgesehen, mit Hilfe von Subventionen und Steuerbefreiungen zur Durchführung energiesparender Investitionen Anreize zu geben oder durch staatliche Finanzhilfen neue Technologien zur Erweiterung und Sicherung des Energieangebots zu fördern. Neben diesen Maßnahmen wird immer das Instrument der Energiebesteuerung diskutiert, von welchem durch Verteuerung engpaßverdächtiger oder mit großen Versorgungsrisiken behafteter Energieträger eine Umstrukturierung des Energieverbrauchs erwartet wird [2] oder das die notwendigen Mittel für die Subventionierung anderer energiepolitischer Maßnahmen beschaffen soll. Als Beispiel sei der Vorschlag von Bundesforschungsminister Hauff erwähnt, der mit Hilfe eines "Gaspfennigs" die Finanzierung von Technologien zur Kohleverflüssigung und -vergasung unterstützen will [3].

Aber nicht nur Energiepolitiker glauben, auf diese Weise ihre angestrebten Ziele erreichen zu können; auch Umweltpolitiker diskutieren, inwieweit mit Hilfe einer fiskalischen Belastung der Energieträger eine strukturelle Verschiebung innerhalb des Primärenergieverbrauchs zugunsten umweltfreundlicher Energieträger erreicht werden kann. Als Beispiel sei hier die Überlegung genannt, mit Hilfe einer am Schwefelgehalt anknüpfenden Steuer die

---

1) Vgl. hierzu das Maßnahmenbündel der zweiten Fortschreibung des Energieprogramms der Bundesregierung, Bundestagsdrucksache 8/1357, S. 3 ff

2) so insbesondere: Sievert, O.: Besteuerung von engpaßverdächtigen Energieträgern; Schmitt, D.; Schürman, J.: Energiesteuern - eine wenig praktikable Alternative; Krüper, M.: Energieverteuerung durch Sondersteuer?, in: Wirtschaftsdienst, 57. Jahrgang, Hamburg 1977, S. 595 ff

3) Süddeutsche Zeitung vom 10. Oktober 1979, S. 20

Verwendung schwerer Heizöle und Gasöle zu vermeiden oder aber, etwa in Analogie zum Abwasserabgabengesetz, die Errichtung von Entschwefelungsverfahren zur Reduzierung von Schwefeldioxyd-Emissionen zu fördern [1]. Darüber hinaus bieten sich finanzpolitische Maßnahmen zur Be- oder Entlastung der Energieträger an, um eine Reduzierung der Umweltbelastung durch eine Verlagerung der Endenergienachfrage auf die Umwelt weniger belastende Energieformen zu erreichen. Da die Umweltbelastung der Primärenergieträger beim Einsatz in Kraft- und Fernwärmewerken eher zu reduzieren und kontrollieren ist als bei ihrer Verwendung durch den Endverbraucher, wäre eine Verlagerung der Endenergienachfrage auf sekundäre Energie wie z.B. Elektrizität oder Fernwärme anzustreben.

Im Bereich der Strukturpolitik kann eine Be- oder Entlastung der Energieträger durch fiskalische Maßnahmen ebenfalls von Bedeutung sein, da hierdurch eine gezielte Beeinflussung bestimmter Sektoren, beispielsweise der Landwirtschaft, der Fischerei oder des Schiffbaus, und eine verstärkte Förderung strukturschwacher Regionen möglich scheint [2]. Die Strukturpolitik bedient sich heute überwiegend entlastender Maßnahmen, obwohl der Einsatz belastend wirkender Instrumente z.B. einer Steuer auf zur Produktion notwendige Energie bzw. Energieträger, zusätzlich denkbar wäre. Auf internationaler Ebene schließlich kann eine unterschiedliche Belastung der Energieträger Ursache für Verzerrungen der internationalen Wettbewerbsfähigkeit und damit u.U. auch Ursache für nationale Strukturprobleme sein.

---

1) Vgl. hierzu: Kommission der Europäischen Gemeinschaften: Die Energiepolitik der Gemeinschaft, Brüssel-Luxemburg 1976, S. 41 f., Entschließung des Rates vom 3. März 1975 über Energie und Umweltschutz (ABl. C 168/2, 25.7.75)

2) Hauenschild, K.: Strukturwandel und Energiepolitik, in: Krüper, M. (Hrsg): Energiepolitik; Kontroversen-Perspektiven, Köln 1977, S. 14 f

Unter dem Aspekt allgemeiner Wirtschaftspolitik bieten sich Maßnahmen zur finanzpolitischen Be- und Entlastung von Energieträgern besonders dann an, wenn der Gesamtenergieverbrauch überwiegend durch importierte Primärenergieträger gedeckt wird, andererseits die nationale Exportwirtschaft international nicht wettbewerbsfähig ist, so daß hierdurch Zahlungsbilanzprobleme entstehen könnten. Mit Hilfe der Belastung des überwiegend importierten Energieträgers und der Entlastung des oder der heimischen kann so eine Verbesserung der Zahlungsbilanzsituation herbeigeführt werden. Eine derartige Variation der fiskalischen Belastung der Energieträger kann nicht nur auf nationaler Ebene von Bedeutung sein. Die Abhängigkeit aller EG-Staaten von ausländischen Energieproduzenten sowie die inzwischen weitgehende wirtschaftliche Verflechtung zwingen die EG-Mitgliedsländer zu einer gemeinsamen Energiepolitik. Gemeinsame, den Energieverbrauch treffende Maßnahmen [1] setzen jedoch eine Harmonisierung der fiskalischen Be- und Entlastungen des Energieverbrauchs voraus, um die Wettbewerbsbedingungen im internationalen Handel, insbesondere im gemeinsamen Markt, nicht zu verzerren [2].

---

1) So z.B. mit dem Ziel, die Abhängigkeit der Gemeinschaft bei aus Drittländern eingeführter Energie bis zum Jahre 1985 auf weniger als 50% und wenn möglich auf 40% zu verringern (vgl. Entschließung des Rates der Europäischen Gemeinschaften vom 17. Dezember 1974 betreffend Ziele der gemeinschaftlichen Energiepolitik für 1985; ABl. C 153/2, 9.7.75) oder den Energieverbrauch 1976 auf dem Niveau von 1973 zu stabilisieren und für 1977 eine Steigerung von etwa 3,5% im Vergleich zu 1973 anzustreben (vgl. Entschließung des Rates der Europäischen Gemeinschaften vom 9. Dezember 1975 betreffend die Festlegung eines kurzfristigen Ziels im Bereich der Energieeinsparung 1976 - 1977; ABl. C 289/1, 17.12.75)

2) Sievert, O.: Besteuerung von engpaßverdächtigen Energieträgern, a.a.O., S. 597

Obwohl die Anwendungspalette finanzpolitischer Maßnahmen zur Be- und Entlastung des Energieverbrauchs in den einzelnen Bereichen der nationalen und internationalen Wirtschaftspolitik noch umfassender beschrieben werden könnte, wird bereits jetzt deutlich, daß die fiskalische Belastung des Energieverbrauchs heute sowohl in der Energie- und Umweltpolitik als auch in der allgemeinen Wirtschaftspolitik als bedeutender Handlungsparameter anzusehen ist [1]. Trotzdem ist in keinem Land der Europäischen Gemeinschaften ein geschlossenes Konzept einer Energiebesteuerung, sei es als allgemeine Energiesteuer oder als System differenzierter Energieträgersteuern, vorzufinden [2]. In den nationalen Steuersystemen existiert zwar eine Vielzahl von Steuern, die einzelne Energieträger belasten; die Motive, die hinter diesen Steuern stehen, sind jedoch recht unterschiedlich. So ist beispielsweise als primärer Zweck der Heizölbesteuerung in der Bundesrepublik heute die Bereitstellung von Mitteln für den Bundeshaushalt zu nennen obwohl in der Vergangenheit andere Zielsetzungen und Begründungen gegeben wurden. Während die Einführung dieser Steuer in erster Linie dem Schutz der Steinkohle galt, steht seit der Ölkrise von 1973/74 der Versorgungsaspekt neben dem fiskalischen Ziel

---

1) Im Gegensatz hierzu sollte die in den fünfziger Jahren besonders in Frankreich diskutierte Energiesteuer als Alleinsteuer, begleitet von einigen Spezialsteuern, den Finanzbedarf des Staates decken, d.h. also rein fiskalischen Zielen dienen. Vgl. hierzu: Schueller, E.: L'impôt sur l'energie, Paris 1952. Anknüpfend an diese Diskussion schlägt Schibler die Einführung einer Energiesteuer, welche nicht als Alleinsteuer gestaltet ist, als erste europäische Steuer vor, um so zunächst den Finanzbedarf der europäischen Behörden, in einer späteren Entwicklungsphase mit dem Ziel der Harmonisierung der Steuersysteme sogar den der Mitgliedstaaten teilweise decken zu können. Vgl.: Schibler, P.: Die Grundsatzfrage einer Besteuerung der Energiequellen im Rahmen eines Angleichungsprozesses der Europäischen Steuersysteme, Winterthur 1961

2) Kommission der Europäischen Gemeinschaften: Inventar der Steuern, die in den Mitgliedstaaten der Europäischen Gemeinschaften zugunsten der Staaten und ihrer Gebietskörperschaften erhoben werden, Ausgabe 1974, Luxemburg-Brüssel 1974

im Vordergrund [1].

Sollen dagegen energie- oder umweltpolitische Zielsetzungen in der bereits beschriebenen Form realisiert werden, sind Informationen über die fiskalische Belastung des Energieverbrauchs notwendig. Um den Einfluß dieses finanzpolitischen Instruments mit hinreichender Genauigkeit bestimmen und quantifizieren zu können, sollen daher in der vorliegenden Studie die zu einer fiskalischen Belastung des Energieverbrauchs führenden steuerlichen Regelungen erfaßt und analysiert werden. Von der Überlegung ausgehend, daß Energie- und Wirtschaftspolitik in Europa heute nur dann erfolgreich sein können, wenn sie auf der Ebene der Europäischen Gemeinschaften koordiniert werden, sind in diese Studie alle Mitgliedstaaten der EG einbezogen worden. So wird ein internationaler Vergleich der den Energieverbrauch belastenden steuerlichen oder steuerähnlichen Regelungen möglich.

Eine umfassende Aussage über das Ausmaß aller finanzpolitischen Maßnahmen, die auf den Energieverbrauch einwirken, läßt sich jedoch erst dann erstellen, wenn die den Energieverbrauch in irgend einer Weise begünstigenden Subventionen ebenfalls erfaßt werden. Wegen der Komplexität dieser Aufgabe beschränkt sich die vorliegende Untersuchung auf die Bestimmung und den internationalen Vergleich der Energiebesteuerung.

---

1) Hansmeyer, K.H.: Steuern auf spezielle Güter, in: Handbuch der Finanzwissenschaft, Band II 3. Auflage, Tübingen 1979, S. 832

2. Untersuchungsgegenstand

2.1 Zum Begriff der "steuerlichen Belastung"

Beim Begriff der "Steuerlast" ist grundsätzlich zwischen der objektiven und der subjektiven Steuerlast zu unterscheiden [1]. Während die subjektive Steuerlast das Belastungsgefühl zum Ausdruck bringt, das der Zensit durch die Zahlung der Steuer empfindet, ist die objektive Steuerlast identisch mit eben dieser Zahllast, d.h. also auf die Gesamtheit der vom Zensiten zu zahlenden Steuern bezogen, die objektive Steuerlast ist als Summe der durch die Besteuerung bewirkten tatsächlichen Einkommenseinbußen zu verstehen. Die objektive Steuerlast wird bestimmt zum einen durch die auf den Zensiten zutreffenden Steuertatbestände und die hiermit verbundenen Steuersätze, zum anderen aber auch durch einzel- und gesamtwirtschaftliche Merkmale der Wirtschaftsstruktur sowie durch die praktische Handhabung von Steuerauslegung und Steuervollzug. Als Bestimmungsgründe für die subjektive Steuerlast sind neben der Ausgestaltung der Steuer als "direkte oder indirekte" Steuer die Steuerbezeichnung, die zeitliche Kontinuität sowie das Informationsangebot und das Informationsnachfrageverhalten bezüglich der Steuer zu nennen. Die Aufzählung dieser Bestimmungsgründe zeigt aber auch, daß der Begriff der subjektiven Steuerlast in hohem Maße von psychologischen Faktoren abhängt und sich von daher schon einer differenzierten, nur auf amtlichem statistischem Material aufbauenden Studie entzieht. Mit Blick auf das Untersuchungsziel wird daher der Begriff der objektiven Steuerlast als einzig praktikable Definition angesehen. Diese Definition der Steuerbelastung geht aber davon aus, daß der steuerzahlende Bürger derjenige

---

1) Schmölders, G.; Hansmeyer, K.-H.: Allgemeine Steuerlehre, 5. Auflage, Berlin 1980, S.103 ff.

ist, dem eine Zahllast zugeordnet werden kann.

Überträgt man eine derartige Definition der Steuerlast auf das Ziel dieser Untersuchung, der Ermittlung desjenigen Betrages, der aufgrund von Steuern und steuerähnlichen Abgaben zu einer Veränderung der relativen Preise der Energieträger oder zu einer Erhöhung des Energiepreisniveaus führt, so ist unter Steuerlast im Sinne dieser Untersuchung die Differenz zwischen dem Preis zu verstehen, der ohne die Existenz jedweder Steuer zustande käme, und demjenigen, in dem die dem Energieverbrauch unmittelbar oder mittelbar zurechenbaren Steuern enthalten sind. Dies wäre eine Steuerlast im Sinne eines formalen Inzidenzbegriffs.

Die Verwendung dieser Definition von "Steuerlast eines Gutes" ist jedoch nur partiell gültig, da der Endpreis des Gutes auch durch die gelungene oder nicht gelungene Überwälzung [1] der Steuern auf den Verbraucher bestimmt wird. Lassen z.B. die Marktverhältnisse keine vollständige Überwälzung der Steuern zu, wird der Endpreis nicht so hoch sein wie bei vollständiger Überwälzung der Steuer.

Damit wird deutlich, daß der Gesamtbetrag der Steuerbelastung unter Beibehaltung dieser Definition von "Steuerlast eines Gutes" wesentlich durch die Überwälzungsmöglichkeiten der Steuer bestimmt wird.

Aufgrund der Schwierigkeiten, die sich bei der Analyse der Überwälzungsvorgänge [2] und der Bestimmung des Überwälzungsgrades einer Steuer ergeben, soll im Rahmen dieser Untersuchung von der Voraussetzung ausgegangen werden, daß die Überwälzung der das Gut 'Energie' betreffenden Steuern gelungen ist [3]. Damit ist "Steuer-

---

1) Schmölders, G.; Hansmeyer, K.-H.: Allgemeine Steuerlehre, a.a.O., S. 175 ff.

2) ebenda S. 178 f.

3) Schubert, W.: Die Kumulativwirkung der deutschen Umsatzsteuer, Köln 1951, S. 27.

last eines Gutes" identisch mit "Steuergehalt eines Gutes" [1], worunter die Gesamtheit der fiskalischen Erträge aus der unmittelbar und mittelbar zurechenbaren Besteuerung einer Ware durch die öffentlichen Körperschaften zu verstehen ist, die sich bei Überwälzung im Endpreis ansammeln.

Dies sind in erster Linie alle den Energieverbrauch belastenden Steuern. Darüber hinaus kommen jedoch auch Abgaben in Frage, die in Form von Gebühren, Beiträgen oder anderen speziellen Abgaben zu einer Belastung des Energieverbrauchs führen könnten. Vor der Einbeziehung dieser Abgaben ist aber zu prüfen, ob der monetären Leistung eine Gegenleistung von seiten des Staates gegenübersteht oder ob es sich um eine "Zwangsabgabe ohne Anspruch auf Gegenleistung" handelt [2]. Ist letzteres der Fall, liegt eine Abgabe mit Steuercharakter vor, die dem Steuergehalt des Energieverbrauchs zuzurechnen ist.

2.2 Anforderungen an einen internationalen Belastungsvergleich

Der hier durchzuführende internationale Belastungsvergleich [3] soll in den einzelnen Staaten der EG denjenigen Betrag beschreiben und, wenn möglich, quantifizieren, welcher aufgrund von Steuern und steuerähnlichen Abgaben den Energieverbrauch belastet und somit Auskunft über das Ausmaß staatlichen Einwirkens auf die nationalen Energiemärkte gibt. Bei der Ermittlung dieses Betrages müssen die Besonderheiten des Steuer-, Rechts- und Wirt-

---

1) Statistisches Reichsamt: Verbrauch und Einkommen in der Steuerwirtschaft, Einzelschriften zur Statistik des Deutschen Reichs, Nr. 35, Berlin 1937, S. 26

2) Schmölders, G.; Hansmeyer, K.-H.: Allgemeine Steuerlehre, a.a.O., S. 64

3) ebenda, S. 273 ff.

schaftssystems desjeweiligen Landes, insbesondere die Interdependenzen zwischen den einzelnen Steuern, berücksichtigt werden. Weiterhin ist zu gewährleisten, daß der Einfluß der in den einzelnen Mitgliedsländern recht unterschiedlichen Energiemarktstrukturen zu verdeutlichen und vielleicht sogar zu elemenieren ist. In denjenigen Ländern, in denen der größte Teil des Energieangebots von staatlichen Monopolgesellschaften gestellt wird, muß beispielsweise der der Mehrwertsteuerermittlung zugrunde zu legende Preis anders interpretiert werden als in einer mehr oder minder stark dem Wettbewerb unterliegenden Energiewirtschaft. Auch ist es notwendig, die Kostenstrukturen und das nationale Vorkommen an Primärenergieträgern in die Bewertung der einzelnen Steuergehalte miteinzubeziehen. Von der Energienachfrageseite her beeinflussen die Konsumgewohnheiten, der Lebensstandard und die Gesellschaftsstruktur die Höhe und Verteilung der Gesamtbelastung des Energieverbrauchs.

Das Vorhaben einer internationalen Vergleichbarkeit der einzelnen Steuerbelastungen macht ferner eine Umrechnung der nationalen Währungseinheiten notwendig. Die Währungsrelationen werden für die Zuverlässigkeit und Aussagefähigkeit des Vergleichs maßgebend sein.

2.3 Energieverbrauch als Steuerobjekt

Die Ermittlung des Steuergehalts, der dem Energieverbrauch zuzurechnen ist, setzt zunächst eine genaue Beschreibung des Steuergegenstandes sowie der dazugehörigen Bemessungsgrundlage(n) voraus [1]. Erst mit Hilfe dieser

---

1) Das folgende nach Hansmeyer, K.-H.: Finanzwissenschaftliche Aspekte der Energiebesteuerung, in: Duwendag, D.; Siebert, H. (Hrsg): Politik und Markt - Wirtschaftspolitische Probleme der Achtziger Jahre, Stuttgart-New York 1980, S. 403 - 42o.

Definitionen lassen sich diejenigen Steuern und steuerähnlichen Abgaben bestimmen, die zu einer Belastung des Energieverbrauchs führen.

Der Versuch, ein Steuerobjekt "Energieverbrauch" zu bestimmen, ist mit einigen Schwierigkeiten behaftet, da Energie rechtlich nicht als Sache bezeichnet werden kann; auch eine Einordnung als wirtschaftliche Handlung oder rechtlich-ökonomische Transaktion ist nicht möglich. Der Begriff Energie, physikalisch als "Fähigkeit zur Verrichtung von Arbeit" definiert, beschreibt vielmehr eine Eigenschaft, die vom Menschen nur an ihren Wirkungen zu erkennen ist. Danach unterscheidet man Energie in der Form von mechanischer, chemischer und elektrischer Energie sowie als Wärme-, Licht- und Kernbindungsenergie. Diese unterschiedlichen Energieformen sind jedoch alle miteinander vergleichbar, da alle Energieformen nach einem Fundamentalgesetz der Physik prinzipiell ineinander umgewandelt werden können und hierbei Energie aus physikalischer Sicht weder gewonnen werden noch verlorengehen kann. Ein Steuerobjekt "Energieverbrauch" gibt es aus dieser Sicht nicht.

Bei ökonomischer Betrachtungsweise stellt sich jedoch der Sachverhalt anders dar: bei jedem Energie-Umwandlungsprozeß fällt nur ein Teil der Ausgangsenergiemenge in wirtschaftlich nutzbarer Form (Nutzenergie) an, der restliche Teil tritt dagegen in nicht direkt nutzbaren Energieformen auf und geht somit wirtschaftlich gesehen verloren. Die Menge der wirtschaftlich nutzbaren Energie ist aus ökonomischer wie auch aus rechtlicher Sicht als Wirtschaftsgut anzusehen und daher eindeutig als Steuerbemessungsgrundlage bestimmbar. Die gleiche Feststellung gilt auch für die Stoffe, in denen Energie gespeichert ist (Energieträger); auch bei ihnen handelt es sich um wirtschaftliche Güter.

Der Begriff "Energieverbrauch" wird in der Umgangssprache für beide Tatbestände verwendet; eine "Energiesteuer" hat daher in jedem Falle wichtige Schritte der Konkretisierung zu tun, um von dem sehr allgemein umschriebenen Steuerobjekt "Energieverbrauch" zu einer passenden Bemessungsgrundlage zu gelangen. Grundsätzlich sind mehrere Bemessungsgrundlagen denkbar. Verfolgt man den Umwandlungsprozeß, den die in der Natur vorkommenden Energieträger vor ihrer endgültigen energetischen Nutzung teilweise unterworfen werden, so kann eine Energiebesteuerung zunächst bei den Primärenergieträgern (Kohle, Erdöl, Erdgas) ansetzen. Die Verbindungen zum Energieverbrauch sind entsprechend lose, insbesondere wenn eine solche Steuer als Wertsteuer ausgestaltet ist. Die Energiebesteuerung kann sich weiterhin auf das energieumwandelnde Aggregat erstrecken, das Primärenergie in Sekundärenergie verwandelt (Kraftwerk etc.). Der dann 'entstehende' Sekundärenergieträger (Strom, Benzin, Koks u.ä.) wäre eine mögliche weitere Bemessungsgrundlage. Wie aus Schaubild 1 hervorgeht, wiederholen sich die steuerlichen Zugriffsmöglichkeiten beim endenergetischen Umwandlungsprozeß wie bei der schließlich anfallenden Nutzenergie.

Diese verschiedenen Prozesse lassen sich in drei typische Zugriffsmöglichkeiten der Besteuerung zerlegen:

(1) Bemessungsgrundlage kann der Energieträger (Primär- oder Sekundärenergieträger) selbst sein;

(2) das energieumwandelnde Aggregat bzw. der energieumwandelnde Prozeß bietet sich als weitere Bemessungsgrundlage an;

(3) schließlich entstehen bei jedem Umwandlungsprozeß outputs in der Form nicht wiederverwendbarer Energie, die ebenfalls zur Besteuerung herangezogen werden können.

Schaubild 1: Energieflußdiagramm mit möglichen Ansatzstellen der Energiebesteuerung [1)]

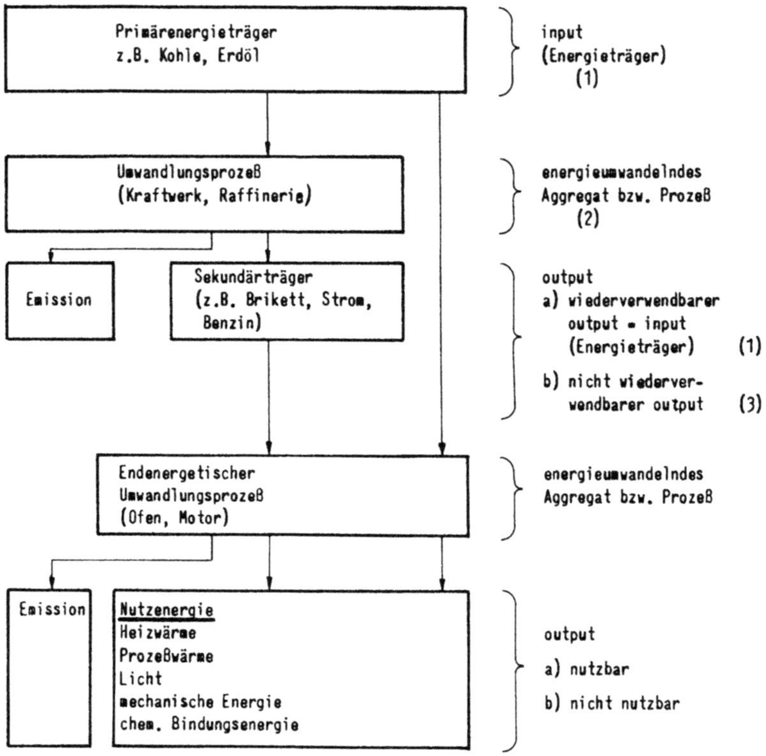

1) Hansmeyer, K.-H.: Finanzwissenschaftliche Aspekte der Energiebesteuerung, a.a.O., S. 405

Die Grenze der Zurechenbarkeit von Bemessungsgrundlage und Steuerobjekt "Energieverbrauch" wird freilich dann überschritten, wenn der Weg der Energienutzung bis in einzelne Produkte hinein verfolgt wird. Dies mag bei besonders energieintensiven Produkten vielleicht naheliegend sein; steuerpolitischer Willkür sollten aber Grenzen gezogen werden. Jede spezielle Gütersteuer wird dann zu einem Stück Energiebesteuerung.

Die Übersicht der theoretisch möglichen Ansatzstellen einer Energiebesteuerung verdeutlicht, daß der Zusammenhang zwischen Bemessungsgrundlage und Energieverbrauch enger oder weiter sein kann. Es wird auch deutlich, daß von der Energiesteuer nicht gesprochen werden kann; immer handelt es sich um ein Bündel von Steuern.

2.4 Gesamtkatalog der zu berücksichtigenden Steuern

Die Bestimmung der das Steuerobjekt "Energieverbrauch" belastenden Steuern und steuerähnlichen Abgaben soll mit Hilfe der Übersicht erfolgen, die die theoretischen Ansatzstellen einer Energiebesteuerung [1] aufzeigt. Danach könnte als Ansatzpunkt einer energiebelastenden Steuer oder Abgabe

(1) der Energieträger

(2) der energieverbrauchende Prozeß bzw. das energieverbrauchende Aggregat

(3) der die Energieumwandlung begleitende Emissionsprozeß dienen.

---

1) Vgl. S. 18 dieser Arbeit

Von diesem Schema ausgehend können diejenigen steuerlichen Maßnahmen als "eigentliche" Energiesteuern [1] bezeichnet werden, die als "input-Steuer" sowohl Primär- als auch Sekundärenergieträger besteuern. Sie sollen in der Regel den Verbrauch von Energie hemmen oder zumindest die Knappheit des Gutes "Energie" verdeutlichen. Die in diesem Falle entstehenden steuerlichen Belastungen liegen zwischen einer traditionellen "Verbrauchsteuer" und einer Produktions(mittel)steuer. Eine Besteuerung des privaten Verbrauchs liegt vor, wenn ein belasteter Energieträger privat verwendet wird. Dieselbe Steuer wird zur Produktions(mittel)steuer, wenn die Energieträger einer betrieblichen Verwendung zugeführt werden und keine Steuerbefreiung besteht. Bemessungsgrundlage der Energieträgersteuer ist i.d.R. eine bestimmte physikalische Einheit eines energetischen Gutes, welche den Zusammenhang zwischen dem Steuerobjekt "Energieverbrauch" und der Bemessungsgrundlage "Energieträger" mehr oder weniger eng wiedergibt.

Eine unter diesem Gesichtspunkt durchgeführte Analyse der in den EG-Staaten gültigen Steuersysteme ergibt, daß die Energieträger durch die in Übersicht 1 dargestellten Steuern belastet werden.

Im Gegensatz zu den eigentlichen Energiesteuern, deren Erhebung mehr oder weniger direkt an den Energieverbrauch anknüpft, gibt es Steuern oder steuerähnliche Abgaben, die den Energieverbrauch mittelbar belasten (abgeleitete Energiesteuern)[2]. Diese Steuern stehen mit dem Steuerobjekt "Energieverbrauch" nur noch indirekt in Beziehung, da sie lediglich die Möglichkeit zum Energieverbrauch bzw. die durch den Energieumwandlungsprozeß entstehenden

1) Hansmeyer, K.-H.: Finanzwissenschaftliche Aspekte der Energiebesteuerung, a.a.O., S. 412

2) ebenda, S. 416

Übersicht 1: Die Energieträger belastende Steuern in den Staaten der EG

	Verbrauchsteuern		steuerähnliche Abgaben
	allgemein	speziell	
B/L	Mehrwertsteuer	Mineralölsteuer, Benzolsteuer, Steuer auf verflüssigtes Erdgas	
D	Mehrwertsteuer	Mineralölsteuer	Kohlepfennig, Förderzins, Konzessionsabgaben
DK	Mehrwertsteuer	Benzinsteuer Steuer auf Stromverbrauch	
F	Mehrwertsteuer	Mineralölsteuer, Stempelsteuer, Gemeinde- und Departementsteuer auf Elektrizität	Beitrag zur Stützung des Kohlenwasserstoffonds, Ölabgabe, parafiskalische Abgabe auf schweres Heizöl, Konzessionsabgaben
GB	Mehrwertsteuer	Mineralölsteuer	Royalities
Irl	Mehrwertsteuer	Mineralölsteuer	
I	Mehrwertsteuer	Mineralölsteuer, Steuer auf elektrische Energie, Steuer auf Flüssiggas	
NL	Mehrwertsteuer	Mineralölsteuer, Steuer auf Luftverschmutzung	Royalities

Quelle: Kommission der Europäischen Gemeinschaften: Inventar der Steuern..., a.a.O., S.29 ff;

Mennel, A.: Die Steuersysteme in EWG-Staaten, EFTA-Staaten und den USA, 2. Auflage, Herne-Berlin 1974, S. 188 ff.

Emissionen treffen. Beispiele für diese Steuern sind die Kraftfahrzeugsteuer oder die in Deutschland diskutierte Emissionsabgabe. In diese Kategorie der abgeleiteten Energiesteuern fallen weiterhin diejenigen Steuern und steuerähnlichen Abgaben, die von den am Energiefluß direkt oder indirekt beteiligten Unternehmen zu zahlen sind, z.B. die Körperschaftsteuer der Bergwerkgesellschaft, die Gewerbesteuer der Raffinerien oder die Einkommensteuer des Tankstellenpächters. Alle diese Abgaben sind, geht man von einer vollständigen Weiterwälzung der Steuern aus, grundsätzlich in der Lage, die relativen Preise der Energieträger, und damit die Art und Weise des Energieverbrauchs, zu beeinflussen. Abgeleitete Steuern im weitesten Sinne wären schließlich auch diejenigen Steuern, die solche Güter belasten, welche bei ihrer Herstellung und/oder ihrem Konsum besonders energieintensiv sind.

Wird dieses theoretische Konzept der abgeleiteten Energiebesteuerung mit den in den EG-Staaten existierenden Steuern verglichen, so ergibt sich, daß eine Vielzahl von Steuern die Merkmale einer abgeleiteten Energiesteuer besitzen (vgl. Übersicht 2 S. 23).

Übersicht 2: Katalog der den Energieverbrauch mehr oder weniger direkt belastenden Steuern (abgeleitete Energiesteuern)

	am energieumwandelnden Aggregat bzw. Prozeß anknüpfend	das energiegewinnende, - umwandelnde und - transportierende Unternehmen belastende Steuern	die Emissionen des energieumwandelnden Prozesses belastende Steuern
Belgien	Kraftfahrzeugsteuer	Körperschaftsteuer, Jahressteuer auf börsennotierte Wertpapiere, Eintragungssteuer, Einkommensteuer, Sozialabgaben.	-
Deutschland	Kraftfahrzeugsteuer	Gewerbesteuer, Körperschaftsteuer, Vermögen-steuer, Gesellschaftsteuer, Grundsteuer, Kapitalertragsteuer, Einkommensteuer, Sozialabgaben.	-
Dänemark	Kraftfahrzeugsteuer, Gewichtsteuer auf Kfz., Steuer auf Glühlampen und Sicherungen, Zulassungssteuer auf Kfz.	Körperschaftsteuer, Gesellschaftsteuer, Vermögensteuer, Dividendensteuer, Grundsteuer, Deckungsabgabe für öffentliche und gewerbliche Grundstücke, Stempelsteuer, Einkommensteuer, Beiträge für die Alterspensionen.	-
Frankreich	Kraftfahrzeugsteuer, Eintragungssteuer	Körperschaftsteuer, Pauschalsteuer auf Gesellschaften, Ausgleichsteuer auf bestimmte Ausschüttungen, Gewerbesteuer, Steuer auf Löhne und Gehälter, Eintragungssteuer, Lehrlingsabgabe, Grundsteuer, Einkommensteuer, Sozialabgaben, Sonderabgaben.	-
Großbritannien	Kraftfahrzeugsteuer	Körperschaftsteuer, Vermögensteuer, Kapitalgewinnsteuer, Grundsteuer, Stempelsteuer, Einkommensteuer, Sozialabgaben.	-
Irland	Kraftfahrzeugsteuer, Steuer auf Reifen und Luftschläuche, Einfuhrsteuer auf Kfz und Zubehörteile	Körperschaftsteuer, Steuer auf die Veräußerung von Vermögen, Stempelsteuer auf Kapitalgesellschaften, Grundsteuer, Einkommensteuer.	-
Italien	Kraftfahrzeugsteuer	Körperschaftsteuer, örtliche Steuer auf Einkünfte, Dividendenabgabe, Katastersteuer, Einkommensteuer.	-
Luxemburg	Kraftfahrzeugsteuer	Körperschaftsteuer, Gewerbesteuer, Vermögensteuer, Eintragungssteuer, Aufsichtsrat-steuer, Grundsteuer, Kapitalertragsteuer, Einkommensteuer, Sozialabgaben	-
Niederlande	Kraftfahrzeugsteuer	Körperschaftsteuer, Abschöpfung von Gewinnen, Vermögensteuer, Grundsteuer, Steuer auf Rechtsakte, Dividendensteuer, Umlage zugunsten der Berufsorganisationen, Einkommensteuer.	-

Quelle: Kommission der Europäischen Gemeinschaften: Inventar der Steuern, a.a.O., S. 29 ff.

3. Eingrenzung des Untersuchungsfeldes

3.1 Auswahl der Steuern

Die Ermittlung der steuerlichen Belastung des Energieverbrauchs läßt sich bei den eigentlichen Energiesteuern relativ einfach durchführen, da der Zusammenhang zwischen dem Steuerobjekt "Energieverbrauch" und der Bemessungsgrundlage "Energieträger" relativ eng ist und die jeweiligen Steuern, wie z.B. die Mehrwertsteuer oder die Mineralölsteuer, dem Energieträger unmittelbar zugerechnet werden können. Sie knüpfen entweder direkt an der Produktmenge des Energieträgers an oder sie beziehen sich auf den Produktwert des Energieträgers.

Größere Schwierigkeiten bereitet dagegen die Bestimmung desjenigen Anteils am Steuergehalt des Energieverbrauchs, der durch die 'abgeleiteten' Energiesteuern und steuerähnlichen Abgaben, wie z.B. Kraftfahrzeugsteuer oder Körperschaftsteuer entsteht. Bei diesen Steuern ist der Zusammenhang zwischen Steuerobjekt und Bemessungsgrundlage bekanntlich recht vage, da nicht der Energieverbrauch selbst, sondern die Möglichkeit zum Energieverbrauch besteuert wird. Bei der Kfz-Steuer z.B. hat dies zur Folge, daß der durch sie verursachte Steuergehalt des Energieverbrauchs im wesentlichen von der Nutzungshäufigkeit des Fahrzeugs abhängt, so daß mit steigender Nutzung die steuerliche Belastung des Energieverbrauchs abnimmt.

Ein eindeutiges, operationalisierbares Kriterium, nach dem die jeweilige Steuer dem Steuerobjekt "Energieverbrauch" zugeordnet werden kann, ist nicht zu ermitteln, so daß auf die Erfassung der das energieverbrauchende Aggregat belastenden Steuern verzichtet werden muß. Zu prüfen wäre hingegen, inwieweit die bei der Gewinnung,

Umwandlung und Verteilung der Energieträger anfallenden Unternehmensteuern dem Steuergehalt des Energieverbrauchs zuzurechnen sind. Voraussetzung für die Berücksichtigung dieser Steuern ist ihre eindeutige Zurechenbarkeit zum Energieträger. Bei der Bestimmung des aus Unternehmensteuern resultierenden Steuergehalts ergeben sich besonders im Transportbereich erhebliche Probleme. So müßten beispielsweise für den Energieträger "Mineralöl" die Belastungen ermittelt werden, die

a) auf dem Transport des Mineralöls vom in der EG liegenden Gewinnungsort bzw. der EG-Grenze zur Raffinerie

b) auf dem Transport der Mineralölprodukte von der Raffinerie zum Endverbraucher

entstehen. Da es sich beim ersten Transportweg i.d.R. um Pipelines handelt, die von den Ölgesellschaften selbst betrieben werden [1], ließe sich hier durch Rückgriff auf die entsprechenden betrieblichen Kennzahlen eine fiskalische Belastung ermitteln.

Größere Schwierigkeiten bestehen dagegen bei der Errechnung der Steuerbelastung im zweiten Abschnitt des Transportweges, da - abgesehen von der Vielfalt der Mineralölprodukte - berücksichtigt werden müßte, ob das Produkt, als Beispiel soll hier Normalbenzin dienen, mit der Bahn, dem Schiff oder dem Tankwagen zur Tankstelle befördert wird. An fiskalischer Belastung müßten die in Abhängigkeit zu Transportmittel und Entfernung relevanten Steuern des Schiffahrt-Unternehmers und des Spediteurs sowie die Steuern und Abgaben der Vertriebsgesellschaften mit ihren Tankstellenketten erhoben

1) Vgl. Jahrbuch der Europäischen Erdölindustrie 1975, Hamburg 1975, Euroa/Länderberichte, S. 134 f.

werden. Beim Heizölverbrauch, der im Gegensatz zum Benzinhandel überwiegend von vielen kleinen Einzelunternehmen betrieben wird [1], wäre es sogar notwendig, die Einkommensteuer des Einzelunternehmers zu erfassen.

Aufgrund dieser Schwierigkeiten bietet es sich an, den gesamten Transportbereich aus der Gesamtbelastungsrechnung herauszulassen. Wird eine solche Einschränkung des Untersuchungsfeldes bei einem Energieträger wie Mineralöl vorgenommen, führt dies jedoch wegen der Bedeutung des Transportbereichs zu Verzerrungen im Gesamtergebnis der Belastungsanalyse. Als Folge einer derartigen Einschränkung des Untersuchungsfeldes bei einem Energieträger wäre es, um die Vergleichbarkeit der Aussagen zur Gesamtbelastung zu erhalten, notwendig, den Transportbereich bei allen Energieträgern zu vernachlässigen. Dies hätte dann zur Folge, daß der für die Energieform "Elektrizität" überaus wichtige Bereich des Stromtransports, der augenblicklich höhere Investitionen aufzeigt als die Stromerzeugung selbst [2], auszuklammern wäre.

Selbst wenn die aus dem Transportbereich resultierenden Belastungen unberücksichtigt blieben, läßt sich der Anteil am Steuergehalt, der in den verbleibenden Phasen z.B. durch die Körperschaftsteuer, die Vermögensteuer oder die Gewerbesteuer entsteht, nur unter erheblichen Schwierigkeiten bestimmen. So ist bei der Ermittlung der Körperschaftsteuer für die Mineralölprodukte herstellenden Unternehmen zu berücksichtigen, daß es sich überwiegend um multinationale Konzerne [3] handelt, die

---

1) Jahrbuch der Europäischen Erdölindustrie 1975, a.a.O., Firmenverzeichnis, S. 5 ff.

2) Müller-Haeseler, W.: Wie sicher ist unsere Stromversorgung?, in: Frankfurter Allgemeine Zeitung, Nr. 23, vom 27.1.1979, S. 15

3) Jahrbuch der Europäischen Erdölindustrie 1975, a.a.O., Firmenübersichten, S. 1 ff.

durch unternehmensinterne Finanztransaktionen die Gewinne der nationalen Tochtergesellschaften und damit auch die Körperschaftsteuerlast variieren können. Eine eindeutige Aussage über die durch die Körperschaftsteuer entstehende Belastung der Energieträger ist daher nicht möglich.

Eine solche Aussage ist darüber hinaus auch deshalb nicht möglich, weil - und das gilt für alle unternehmensbezogenen Steuern sowie zusätzlichen Abgaben aller Art [1] - eine eindeutige Zuordnung der Steuerlast auf den einzelnen Energieträger nicht durchführbar ist. Die Gründe, die einer solchen Zurechenbarkeit entgegenstehen, liegen darin, daß für die Energiewirtschaft, insbesondere für die Mineralölwirtschaft, Mehrproduktunternehmen mit Kuppelproduktion typisch sind. Wenn in diesen Fällen ein Einblick in die Kosten- und Leistungsrechnung nicht möglich ist [2], so läßt sich nur schwer ein Urteil darüber abgeben, in welchem Maße der betrachtete Energieträger in seiner spezifischen Ausprägung zum Erfolg beigetragen hat (Kapitalverzinsung), Kapital im Produktionsprozeß gebunden hat (Kapitalbeschaffung, Kapitalbestand), Arbeitskräfte in Qualität und Quantität benötigte (Arbeitskosten) [3]. Da die hier diskutierten Steuern an diese Bemessungsgrundlagengruppen

---

1) Zusätzliche Abgaben aller Art sind solche steuerähnlichen Abgaben, die die energiewirtschaftlichen Unternehmen zu leisten haben, den Energieträgern jedoch nur indirekt zugerechnet werden können. Abgaben dieser Art sind beispielsweise die Sozialabgaben, die aufgrund der unterschiedlichen Sozialversicherungssysteme und unterschiedlich hohen Arbeitgeberanteilen in den EG-Mitgliedstaaten Veränderungen der relativen Preise der Energieträger hervorrufen könnten. Vgl. hierzu: Briner, E. (Hrsg.): Internationales Steuer-Lexikon, Bd.: Belgien, Niederlande, Luxemburg, Zürich 1978, S. 29, S. 73, S. 127; Bd. Frankreich, Zürich 1978, S. 82 f.

2) In der Regel dürfte dies zutreffen, zumindest im Hinblick auf differenzierte Unterlagen.

3) Diese Schwierigkeiten summieren sich, wenn spezifische Ausprägungen von Energieträgern verschiedene Zweige und Stufen der Energiewirtschaft durchlaufen (Energieflußdiagramm), aus denen gleichfalls ähnliche Probleme resultieren.

anknüpfen, wird eine exakte und differenzierte Zurechnung auf die Energieeinheit spezifischer Energieträger bei Mehrproduktunternehmen [1] problematisch. Eine Zuweisung von Steuerlastanteilen wird unter diesen Umständen nur mit Hilfe von Schlüsseln (Äquivalenzziffern) approximativ möglich sein. Dieses Problem wird noch deutlicher, wenn an die auch hier notwendige Zurechnung der Gemeinkosten erinnert wird.

Es zeigt sich also, daß die bei der Gewinnung, Umwandlung und Verteilung der Energieträger anfallenden Unternehmenssteuern den Energieträgern, und damit letztlich auch dem Energieverbrauch, nur unter größten Schwierigkeiten zugeordnet werden können. Daher ist es gerechtfertigt, diese Steuern in der hier zu erstellenden Gesamtanalyse der fiskalischen Belastung des Energieverbrauchs auszuklammern.

Eine aus dieser Einschränkung des Untersuchungsfeldes resultierende starke Verzerrung der Aussage dieser Analyse ist jedoch nicht zu erwarten, da aufgrund der inzwischen fortgeschrittenen Harmonisierungsbestrebungen in den Ländern der EG im Bereich der Unternehmenssteuern nur noch wenige steuerliche Regelungen letztendlich zu einer Veränderung der relativen Preise der Energieträger führen. Solange sich die relativen Preise der Energieträger aber nicht verändern, sind keine allokativen oder distributiven Effekte im Rahmen einer Energie-, Umwelt- oder Strukturpolitik zu erwarten.

Somit wird der Katalog aller für einen Belastungsvergleich in Frage kommenden Steuern und steuerähnlichen Abgaben auf die eigentlichen Energiesteuern beschränkt, also auf diejenigen Steuern, die dem Energieträger und damit dem

1) die wohl auch im Energiebereich überwiegen dürften.

Energieverbrauch direkt zurechenbar sind [1]. Diese Steuern sind in Übersicht 1 für die Staaten der EG aufgeführt.

3.2 Bestimmung der relevanten Energieträger

Aus der zusammenfassenden Übersicht der in einer Belastungsanalyse zu berücksichtigenden Steuern [2] geht hervor, daß die Mehrwertsteuer als allgemeine Umsatzsteuer alle Energieträger, d.h. sowohl die Primär- als auch die Sekundärenergieträger, belastet. Eine Bestimmung der Mehrwertsteuerbelastung ist jedoch erst dann möglich, wenn eine bestimmte Einheit des betreffenden Energieträgers, z.B. ein Kilogramm oder ein Kubikmeter, mit einem Preis bewertet würde.

Für die

Primärenergieträger [3]	Energieform:
- Wind, Laufwasser, Gezeiten	- Bewegungsenergie
- Sonnenstrahlung	- Strahlungsenergie der Sonne
- Erde	- Geothermische Energie

können aufgrund ihrer physikalischen Beschaffenheit keine mit einem Preis bewertbaren Einheiten gebildet werden.

---

1) Die Besteuerung von Emissionen des Energieumwandlungsprozesses, die theoretisch möglich ist (vgl. Schaubild 1, S.   dieser Arbeit), ist in den Steuersystemen der EG-Staaten noch nicht realisiert, wird in Deutschland jedoch diskutiert.

2) Vgl. Übersicht 1, S. 21 dieser Arbeit

3) Zur Darstellung der Primärenergieträger und den ihnen gebundenen Energieformen vgl.: Stoy, B.: Sonnenenergie, geothermische Energie, Massenanziehung; Heidelberg 1976, S. 6.

Im Gegensatz dazu sind die

Primärenergieträger	Energieform:
- Rohöl, Ölschiefer, Ölsand, Rohbraunkohle, landwirtschaftliche Abfälle, Dung	- Chemische Bindungsenergie
- Uran, Thorium, Deutrium	- Kernbindungsenergie

mit einem Preis bewertbar, sie gehen jedoch nicht als energetisches Produkt in den endenergetischen Umwandlungsprozeß ein. Diese Primärenergieträger werden, genau wie Wind- und Sonnenenergie, in Sekundärenergieträger umgewandelt, welche besser in der Lage sind, die Energiebedürfnisse der Endenergieverbraucher [1] zu befriedigen. Eine Belastungsanalyse, die die Ermittlung des Steuergehalts der Energieträger zum Ziel hat, braucht sich hinsichtlich der Mehrwertsteuer jedoch nur auf unmittelbar in den energetischen Endverbrauch eingehende Energieträger zu beschränken, da die eventuelle Mehrwertsteuerbelastung eines anderen Primärenergieträgers durch das in allen EG-Staaten praktizierte Prinzip der Allphasen-Nettoumsatzsteuer, erhoben als Bruttosteuer mit Vorsteuerabzug, erfaßt wird [2]. Diese Eingrenzung der in die Untersuchung einzubeziehenden Energieträger kann auch im Hinblick auf die die Energieträger belastenden speziellen Verbrauchsteuern und sonstigen Abgaben beibehalten werden. Wie Übersicht 1 zeigt, werden die hier ausgeschlossenen Primärenergieträger von keiner Steuer belastet [3], im Gegenteil, Sonnen- und Windenergie sowie Erdwärme werden in den letzten Jahren im

1) Endenergieverbraucher sind die Industrie, der Verkehr sowie die Haushalte und Kleinverbraucher; vgl. hierzu: Arbeitsgemeinschaft Energiebilanzen (Hrsg): Energiebilanzen der Bundesrepublik Deutschland, a.a.O., S. 8

2) Mennel, A.: Die Steuersysteme in EG-Staaten, EFTA-Staaten und den USA, .a.aO., S. 188 ff.

3) Eine Ausnahme bilden Rohöl und Erdgas, denen der Förderzins bzw. die Royalities zuzuordnen sind. Beim Förderzins ist jedoch noch zu prüfen, ob es sich tatsächlich um eine Steuer handelt.

Rahmen der Entwicklung und Einführung alternativer Energien mit Hilfe von Subventionen und Steuererleichterungen stark gefördert [1]. Damit reduziert sich die Menge der in einer Belastungsanalyse zu berücksichtigenden Energieträger auf die in Übersicht 3 dargestellten.

Übersicht 3: Ausgewählte Primär- und Sekundärenergieträger

Energieträger-Gruppe	Primärenergieträger	Sekundärenergieträger
Gas	Naturgas (Flüssiggas)	Ortsgas, Hochofen- und Kokereigas, Flüssiggas
Kohle	Steinkohle	Steinkohlenbrikett, Steinkohlenkoks, Braunkohlenbrikett
Strom	-	elektrischer Strom (Fernwärme [2])
Mineralöl	-	Mineralölprodukte
übrige Energieträger	Holz, Torf [2]	

Der Vergleich der steuerlichen Belastung der Energieträger hat somit von den in Übersicht 4 aufgezählten Steuern und Energieträgern auszugehen [3].

1) Eine Übersicht über die einzelnen, hier ansetzenden Programme in: Bundesministerium für Wirtschaft (Hrsg): Tagesnachrichten Nr. 7648 vom 12. Oktober 1978, S. 3.

2) Holz, Torf und Fernwärme haben, wie eine Auswertung statistischen Materials über den Brutto-Inlandsverbrauch an Primärenergie in den Ländern der EG zeigt, nur eine geringe Bedeutung und können daher vernachlässigt werden. Vgl. hierzu: Anhang, Tabelle 1

3) Vgl. Übersicht 1 (eigentliche Energiesteuern) und Übersicht 3 (ausgewählte Energieträger)

Übersicht 4: Gesamtkatalog der zu berücksichtigenden Steuern

	Verbrauchsteuer			
		Mehrwertsteuer	Spez. Verbrauchsteuer	Sonstige Abgaben
Belgien/ Luxemburg	Gas	X	Steuer auf verflüssigtes Erdgas	-
	Kohle	X	-	-
	Strom	X	-	-
	Mineralöl	X	Mineralölsteuer, Benzolsteuer	-
Deutschland	Gas	X	Mineralölsteuer auf Flüssiggas	-
	Kohle	X	-	-
	Strom	X	Kohlepfennig	Konzessionsabgabe
	Mineralöl	X	Mineralölsteuer	Förderzins, Altölabgabe
Dänemark	Gas	X	-	-
	Kohle	X	-	-
	Strom	X	Abgabe für Elektrizität	-
	Mineralöl	X	Benzinsteuer, Gesetz über Abg.auf Ölprod.	-
Frankreich	Gas	X	-	-
	Kohle	X	-	-
	Strom	X	Regionale Elektrizitätssteuer	-
	Mineralöl	X	Mineralölsteuer, Stempelsteuer	Beitrag Kohlenwasserstoffonds,Ölabgabe, Parafisk.Abgabe für schweres Heizöl
Großbritannien	Gas	X	-	Royalities
	Kohle	X	-	-
	Strom	X	-	-
	Mineralöl	X	Mineralölsteuer	Royalities
Irland	Gas	X	-	-
	Kohle	X	-	-
	Strom	X	-	-
	Mineralöl	X	Mineralölsteuer	-
Italien	Gas	X	Steuer auf Flüssiggas	-
	Kohle	X	-	-
	Strom	X	Steuer auf elektrische Energie	-
	Mineralöl	X	Mineralölsteuer	-
Niederlande	Gas	X	Luftverunreinigungsabgabe	Royalities
	Kohle	X	Luftverunreinigungsabgabe	-
	Strom	X	-	-
	Mineralöl	X	Mineralölsteuer, Luftverunreinigungsabgabe	Royalities

4. Methoden des Steuerlastvergleichs

4.1 Der Vergleich der Steuertarife

Die einfachste Methode des Steuerlastvergleichs stellt lediglich die Steuertarife der einzelnen in Frage kommenden Steuergesetze nebeneinander dar [1]. Als Beispiel für einen derartigen Belastungsvergleich dient die folgende Tabelle, die die Mineralölsteuersätze für Normalbenzin in den Ländern der EG zeigt:

Belgien:	760 FB/hl	48,59 DM/hl'
Deutschland:	44 DM/hl	44,-- DM/hl'
Dänemark:	132 Öre/l	49,02 DM/hl'
Frankreich:	122,58 FF/hl	55,80 DM/hl'
Großbritannien:	0,30 £/gl	1,14 DM/gl'
Irland:	0,4341 £/gl	1,66 DM/gl'
Italien:	41.212 LIT/100 kg	99,57 DM/kg'
Luxemburg:	565 LF/hl	36,12 DM/hl'
Niederland:	48 FL/hl	44,78 DM/hl'

' Umgerechnet auf der Basis der ERE, Stand: 1.1.1978

Quelle: Kommission der Europäischen Gemeinschaften: Inventar der Steuern, a.a.O., S. 2o ff.

1) Schmölders, G.; Hansmeyer, K.-H.: Allgemeine Steuerlehre, a.a.O., S.276

Gegen diese Vergleichsmethode ist einzuwenden, daß sie nur ein verzerrtes Bild der tatsächlichen Belastung wiedergibt, da andere, den Energieverbrauch belastende Steuern sowie sonstige Abgaben unberücksichtigt bleiben. Gerade die in den einzelnen Ländern bestehenden Besonderheiten

- des Rechts-, Wirtschafts- und Steuersystems,
- der Gesellschaftsstruktur,
- der Konsumgewohnheiten und Marktstrukturen sowie
- der Vorkommen an natürlichen Ressourcen

haben auf die steuerliche Belastung des Energieverbrauchs einen großen Einfluß. So ist beispielsweise die Besteuerung von Komplementärgütern mitbestimmend für die Gesamtbelastung des Energieverbrauchs oder die Struktur des Steuersystems ist verantwortlich für eine u.U. hohe Belastung der Energieträger mit speziellen Steuern. Darüber hinaus ist dieser einfache Vergleich der Steuertarife nur auf solche Energieträger begrenzt, die einem einheitlichen Steuertarif, d.h. z.B. Geldbetrag pro Raumeinheit, unterliegen. Eine Methode hingegen, die Belastungen z.B. in DM/l und DM/m^3 oder DM/kg einander gegenüberstellt, kann zu keiner brauchbaren Aussage führen. Ein Vergleich wird letztlich unmöglich, wenn die einzelnen belasteten Produkte, d.h. also die Steuergegenstände, nicht identisch sind und sich in Aggregatzustand und Energiegehalt sehr stark voneinander unterscheiden. Die Belastung der Elektrizität in DM/kWh und die Belastung des Normalbenzins in DM/l ist beispielsweise nicht miteinander vergleichbar. Das Währungsproblem indessen soll an dieser Stelle nicht erörtert werden, da es ein zentrales Problem aller Methoden des Steuerlastvergleichs ist [1].

---

1) Vgl. hierzu: Abschnitt 5.3 dieser Studie.

4.2 Der qualitative Vergleich der Steuernormen

Eine größere Aussagekraft als der Vergleich einzelner Steuertarife besitzt dagegen die ;qualitative" Gegenüberstellung der steuertechnischen Ausgestaltung der den Energieverbrauch belastenden Steuern. Mit Hilfe dieser Methode lassen sich alle im Steuersystem enthaltenen und dem Energieverbrauch zurechenbaren Steuern erfassen; auch sind Aussagen über die Existenz spezieller Energieträgersteuern oder die Einordnung der Energieträger im Steuersystem möglich. Ein Vergleich, der beispielsweise die Zuordnung der Energieträger zu den einzelnen Tarifgruppen beinhaltet, läßt auch weitergehende Aussagen zu als ein einfacher Vergleich von Steuersätzen. Mehr als eine inhaltliche Beschreibung und Interpretation aller Energieträgersteuern kann der qualitative Vergleich der Steuernormen jedoch nicht liefern. Auch er ist nicht in der Lage, eine für alle Energieträger geltende und untereinander vergleichbare Quantifizierung der steuerlichen Belastung zu leisten.

4.3 Die quantitative Analyse der Energiebesteuerung

Eine Methode, die zu exakten Belastungsergebnissen kommt, ist die von G. Rose entwickelte Teilsteuerrechnung [1]. Obwohl das Verfahren "für jede beliebige Kombination von Steuer(arten) offen" [2] ist, d.h. also auch für Steuern auf spezielle Güter, eignet sich die Teilsteuerrechnung in erster Linie für die Analyse der Steuerbelastung der Unternehmungen, da sie die ertragsabhängigen und ertragsunabhängigen Steuern sowie die Soziallasten

---

1) Rose, G.: Die Steuerbelastung der Unternehmung, Wiesbaden 1973.

2) ebenda, S. 70.

erfaßt. Diese Steuern und Abgaben sind jedoch, wie bereits in Kapitel 3 festgestellt, dem Energieträger nicht eindeutig zurechenbar und somit aus der Gesamtheit der zu untersuchenden Steuern ausgeschlossen worden. Die Berechnung der den Energieträger direkt zuzuweisenden Belastung hingegen erfordert keine aus einer Vielzahl von variablen und Faktoren gebildete Grundgleichung, wie sie die Teilsteuerrechnung auszeichnet. Daher ist für die Analyse der Belastung der Energieträger besser eine Methode geeignet, die sich an den sogenannten "veranlagungsorientierten Ansatz" anlehnt [1]. In diesem Verfahren wird die Belastung, die sich durch die einzelnen Steuern ergibt, auf eine einheitliche Basis bezogen und zu einer Gesamtbelastung kumuliert. Somit werden alle die Energieträger belastenden Steuern erfaßt. Durch die gemeinsame Basis wird sogar ein Vergleich der Belastungen unterschiedlicher Energieträger möglich. Als Maßeinheit für diese Bezugsgröße sind die in den hier zu analysierenden Steuern vorliegenden Bemessungsgrundlagen nicht geeignet, da sie lediglich Raum- oder Gewichtmaße beinhalten, die unterschiedlichen Energiegehalte der in gleichen Maßeinheiten dargestellten Energieträger jedoch vernachlässigt werden. Eine den Steuergehalt der Energieträger vergleichende Studie muß aber zum Zwecke der Vergleichbarkeit die spezifische Energiemenge des Energieträgers als grundlegende Größe für die Zuordnung der fiskalischen Belastung benutzen [2]. Da aufgrund eines physikalischen Gesetzes die unterschiedlichen, in den Energieträgern gebundenen Energieformen mit Hilfe von festen Umrechnungskoeffizienten miteinander vergleichbar sind [3], kann die fiskalische

---

1) Rose, G.: Die Steuerbelastung der Unternehmung, Wiesbaden 1973, S. 56 ff.

2) Einen ähnlichen Ansatz beschrieben: Schibler, D.: Die Grundsatzfrage einer Besteuerung der Energiequellen ..., a.a.O., S. 44 g; sowie: Beaumont, D. de: Harmonisation des fiscalités européenes, Paris 1955, S. 57 ff, und: Statistiques et Etudes Financières, No. 47, November 1952, S. 967.

3) Gerthsen, Chr.; Kneser, H.O.: Physik, 10. Auflage, Berlin-Heidelberg-New York 1969, S. 142.

Belastung der Energieträger z.B. als Belastung (Währungseinheit) pro Kcal (Kilokalorie) oder kWh (Kilowattstunde) ausgedrückt werden. Für diese Untersuchung wird wegen der Bedeutung der Wärmeenergie für den Gesamtverbrauch an Nutzenergie die Maßeinheit "Joule" gewählt, die den nationalen und internationalen Vereinbarungen über die Angabe von Energiemengen entspricht [1]. Somit wird der dem Energieträger zuzuordnende Steuergehalt in einen Bezug zur Wärmemenge gesetzt und die Belastung der Energieträger als Währungseinheiten pro Joule vergleichbar.

1) EWG-Richtlinie Nr. 71/354 des Rates vom 18. Oktober 1971

5. Praktische Schwierigkeiten und Konsequenzen für den Untersuchungsansatz

5.1 Physikalisch-technische Probleme

Die aus methodischer Sicht recht einfache und für die Analyse nützlich erscheinende Auswahl der Wärmemenge als Bezugseinheit für die Zuordnung des Steuergehalts wirft aus technisch-physikalischer Sicht eine Vielzahl von Problemen auf. So sind z.B. die Energiegehalte der einzelnen Energieträger aufgrund ihrer physikalisch-chemischen Eigenschaften von vornherein stark voneinander abweichend. Daneben ist zu berücksichtigen, daß der Energiegehalt der Energieträger temporären Schwankungen unterliegt, die mit technischen Veränderungen der Gewinnung und Umwandlung, aber auch mit veränderten Fundorten bzw. Bezugsquellen begründbar sind. Diese Unterschiede müssen dafür verantwortlich gemacht werden, daß bei der Umrechnung der in den einzelnen Steuergesetzen kodifizierten belastenden Regelungen in eine Belastung pro Wärmeäquivalent weitere Probleme auftreten, die zu einer Verzerrung des Belastungsvergleichs führen.

5.1.1 Der Heizwert der Energieträger

Bei den Primärenergieträgern Kohle, Rohöl, Naturgas bzw. bei den hieraus abgeleiteten Sekundär-Energieträgern handelt es sich um Stoffe, die innerhalb ihrer Gattung pro Gewichts- oder Raumanteil unterschiedliche Wärmemengen enthalten. So schwankt beispielsweise für Steinkohle der untere Heizwert [1] zwischen 26.616 und 36.627 KJoule/kg [2], der Heizwert für Rohöl zwischen 37.255 und 43.115 KJoule/kg.

Da kein statistisches Material vorlag, das eigene, sowohl die Fördermenge als auch den Wärmegehalt gewichtende Berechnungen erlaubte, werden in dieser Untersuchung die von der Arbeitsgemeinschaft Energiebilanzen ermittelten Durchschnittswerte für die Hauptproduktgruppen übernommen [3]. So wird für den Energieträger Steinkohle ein Durchschnittswert von 29.894 KJ/kg genannt. Die in der Industrie und in den Haushalten am häufigsten verbrauchten

---

1) Der Heizwert ist diejenige Wärmemenge, die bei vollkommener Verbrennung von 1 kg festem oder flüssigem oder von 1 Normkubikmeter gasförmigen Brennstoffs bei unverändertem Druck frei wird. Bei wasserfreien Brennstoffen, wie bei reinem Kohlenstoff oder trockenem Koks, ist der Heizwert eindeutig bestimmt. Dagegen ist für Brennstoffe, in deren Verbrennungsprodukten Wasser enthalten ist, noch eine Angabe über den Aggregatzustand des Verbrennungswassers erforderlich. Danach gibt der obere Heizwert Ho, auch Verbrennungswärme genannt, die Wärmemenge an, die bei Verbrennung eines Stoffes entsteht, wobei sich das Verbrennungsprodukt Wasser noch im gasförmigen Zustand befindet.
Der untere Heizwert Hu gibt diejenige Wärmemenge an, die bei Verbrennung eines Stoffes entsteht, während das Verbrennungsprodukt Wasser bereits in den flüssigen Zustand übergegangen ist.
Die Differenz zwischen beiden Heizwerten wird bestimmt durch den Anteil des Wassers an den Verbrennungsprodukten, welches zur Änderung des Aggregatzustandes (flüssig-gasförmig) einen Energiebedarf von 2.448 Joule benötigt.
Vgl. hierzu: Kolditz, L. (Hrsg): Anorganikum - Anorganisch-Chemisches Lehr- und Praktikumsbuch, 2. durchgesehene Auflage, Berlin (Ost) 1968, S. 218

2) Tabellenbuch für metallverarbeitende Berufe, Freudenstadt 1967, S. 64

3) Arbeitsgemeinschaft Energiebilanzen: Energiebilanzen der Bundesrepublik Deutschland, Bd. II, Frankfurt/M. 1978, S. 13

Qualitätsgruppen [1] der Kohle haben dagegen folgende Heizwerte:

Steinkohle (Anthrazit)	Hu = 32.650 KJ/kg
Steinkohle (Flammkohle)	Hu = 30.558 KJ/kg
Steinkohle (Kraftwerkskohle)	Hu = 26.615 KJ/kg

Dem Energieträger Braunkohle, der außer in der Bundesrepublik Deutschland in allen anderen EG-Ländern von geringer energiewirtschaftlicher Bedeutung ist [2], kann ein durchschnittlicher Heizwert Hu von 7.950 KJ/kg zugeordnet werden.

Für die aus Steinkohle bzw. Braunkohle abgeleiteten Sekundärenergieträger Koks, Steinkohlenbrikett und Braunkohlenbrikett gelten aufgrund der Bearbeitung des Primärenergieträgers relativ einheitliche und gering streuende mittlere Heizwerte:

Steinkohlenkoks	Hu = 28.596 KJ/kg
Steinkohlenbrikett	Hu = 31.400 KJ/kg
Braunkohlenbrikett	Hu = 20.000 KJ/kg

Der Energieträger Gas kann sowohl als Primärenergieträger in der Form von Naturgas [3] oder Flüssiggas [4]

---

1) Statistisches Amt der Europäischen Gemeinschaften: Jahrbuch Energiestatistik 1970 - 1975, Luxemburg 1976, S. 70 f.

2) Vgl. Anhang; Tabelle 1: Bruttoinlandsverbrauch an Primärenergie im Jahre 1975

3) Diese Bezeichnung umfaßt Erdgas, Erdölgas sowie Gruben- und Klärgas. Vgl. hierzu: Statistisches Amt der Europäischen Gemeinschaften: Jahrbuch Energiestatistik 1970 - 1975, a.a.O., Bemerkungen S. I.

4) Hierunter ist Flüssiggas primären Ursprungs (Kondensate) zu verstehen. Es soll hier dem chemisch vergleichbaren abgeleiteten Flüssiggas zugeschlagen werden. Vgl. hierzu: ebenda, S. I.

als auch als Sekundärenergieträger in der Form von Kokereigas, Hochofengas, Ortsgas, Raffinerie- oder Flüssiggas vorkommen. Da Hochofen-, Kokerei- und Raffineriegas in ihrer Erzeugung meist "gebunden" sind, d.h. sie fallen in der Regel als Kuppelprodukt bei ganz bestimmten Produktionsprozessen an, besteht für sie kein ausgedehnter Markt. Sie werden vielmehr im Eigenverbrauch oder für Vertragslieferungen an einige Abnehmer in der Nachbarschaft genutzt [1]. Aus diesen Gründen sollen Raffinerie-, Kokerei- und Hochofengas in der Analyse der fiskalischen Belastung nicht berücksichtigt werden.
Für die Energieträger Natur- und Ortsgas sowie Flüssiggas, die in den Ländern der Gemeinschaft unterschiedlich am Endverbrauch von Gas beteiligt sind [2], können folgende mittlere Heizwerte Hu festgestellt werden [3]:

Naturgas [4]	31.800 KJ/m^3
Ortsgas	16.000 KJ/m^3
Flüssiggas	45.900 KJ/m^3

1) Stat. Amt der Europ. Gemeinschaften: Gaspreise 1970 - 1976, Luxemburg - Bruxelles 1977, S. 7

2) Statistisches Amt der Europäischen Gemeinschaften: Gaspreise 1970 - 1976, a.a.O., S. 15

3) In der Gaswirtschaft ist es üblich, daß der obere Heizwert (Ho) angegeben wird. Dies steht im Gegensatz zu den anderen, hier zu berücksichtigenden Energieträgern. Um die Einheit der gesamten Untersuchung zu erhalten, wird hier der untere Heizwert (Hu) eingesetzt, der sich durch Multiplikation mit dem Faktor 0,888 ergibt.
Vgl. hierzu: Arbeitsgemeinschaft Energiebilanzen: Energiebilanzen der Bundesrepublik Deutschland, Band II, a.a.O., S. 11

4) Die Bezeichnung "Naturgas" umfaßt Erdgas, Erdölgas sowie Gruben- und Klärgase. Statistisches Amt der Europäischen Gemeinschaften: Jahrbuch Energiestatistik 1970 - 1976, a.a.O., S. I.
Da aus den vorliegenden Statistiken die Anteile des Erdöl-, Gruben-, Klär- und Erdgases am gesamten Naturgasaufkommen nicht hervorgehen, für jede Gasart jedoch unterschiedliche Heizwerte bestehen, wird der Heizwert des Erdgases als repräsentativer Wert dieser Gruppe angenommen.

Beim Energieträger Strom handelt es sich um einen reinen Sekundärenergieträger, da Elektrizität als solche in der Natur in keiner nutzbaren Form vorkommt. Abweichend von dieser Definition wird elektrische Energie aus Wasserkraft, Kernkraft, Erdwärme und Müll zu den Primärenergien gerechnet [1].
Die Umrechnung des elektrischen Stroms in Wärmeenergie und somit die Bestimmung des Heizwertes pro Kilowattstunde (kWh) erfolgt auf der Grundlage des physikalischen Umwandlungsgesetzes, wonach 1 kWh einer Wärmemenge von 3.600 KJ entspricht. Dieser theoretisch begründeten Umrechnung ist entgegenzuhalten, daß die in der Praxis überaus großen Umwandlungsverluste bei der Elektrizitätserzeugung,in Deutschland in herkömmlichen Wärmekraftwerken 62,6% der Einsatzmengen, nicht berücksichtigt werden. Um die Vergleichbarkeit der Elektrizität mit anderen Energieformen auf eine die technischen Möglichkeiten wiederspiegelnde Art und Weise zurückzuführen, kann von der Überlegung ausgegangen werden, daß die Stromerzeugung aus Wasserkraft, Kernenergie, Erdwärme und Müll eine entsprechende Stromerzeugung in konventionellen Wärmekraftwerken substituiert [2].

Dieser Ansatz ist jedoch nur für die in der Primärenergiebilanz anzusetzende Elektrizitätserzeugung zutreffend. Da im Rahmen dieser Untersuchung lediglich die Belastung der in den Endenergieverbrauch eingehenden Energieträger berechnet wird, muß Strom mit seinem Heizwert von 3.600 KJ/kWh angesetzt werden.

Dem Energieträger Rohöl, der ebenso wie Kohle sehr unterschiedliche Heizwerte aufweisen kann, wird vom Statistischen Amt der Europäischen Gemeinschaften zwar ein Mittelwert

---

1) Statistisches Amt der Europäischen Gemeinschaften: Jahrbuch Energiestatistik 1970 - 1976, a.a.O., S. I

2) Zur "Substitutionstheorie" vgl.: Arbeitsgemeinschaft Energiebilanzen: Energiebilanzen, a.a.O., S. 9

Hu = 41.900 KJ/kg zugeordnet [1], doch ist dieser durchschnittliche Heizwert das gewogene Mittel derjenigen Erdölprodukte, die sich aus dem Rohöl erzeugen lassen. Diese Besonderheit ist bei der späteren Analyse der steuerlichen Belastung jedoch von untergeordneter Bedeutung, da Rohöl als Primärenergieträger nicht unmittelbar dem Endenergieverbrauch zugeführt werden kann.

Die Vielzahl der durch den Umwandlungsprozeß in den Raffinerien entstehenden Mineralölprodukte, die als Sekundärenergieträger in den energetischen Endverbrauch gehen, läßt sich am anschaulichsten durch das Schema des Destillationsvorgangs darstellen, dem das Rohöl unterworfen wird.

Da Rohöl ein Gemisch vieler Kohlenwasserstoffe ist, ist es möglich, diese einzelnen Stoffe durch stufenweises Erhitzen des Rohöls zu trennen (fraktionierende Destillation des Rohöls).

---

1) Statistisches Amt der Europäischen Gemeinschaften: Jahrbuch Energiestatistik 1970 - 1975, a.a.O., S.P.; vgl. auch: derselbe: Nutzenenergiebilanzen, Luxemburg-Bruxelles 1978, S. 67 und S. 92.

Der technische Vorgang der Destillation ist im Schaubild 2 vereinfacht dargestellt. Danach wird das in einem Röhrenofen vorgeheizte Rohöl in den Destillationsturm eingeleitet. Die nach oben steigenden Dämpfe schlagen sich bei nach oben fallenden Temperaturen an den Zwischenböden ab, von wo sie permanent abgezogen werden. Das nicht kondensierte Gas entweicht nach oben.

Schaubild 2: Schematisierte Darstellung der Rohöldestillation

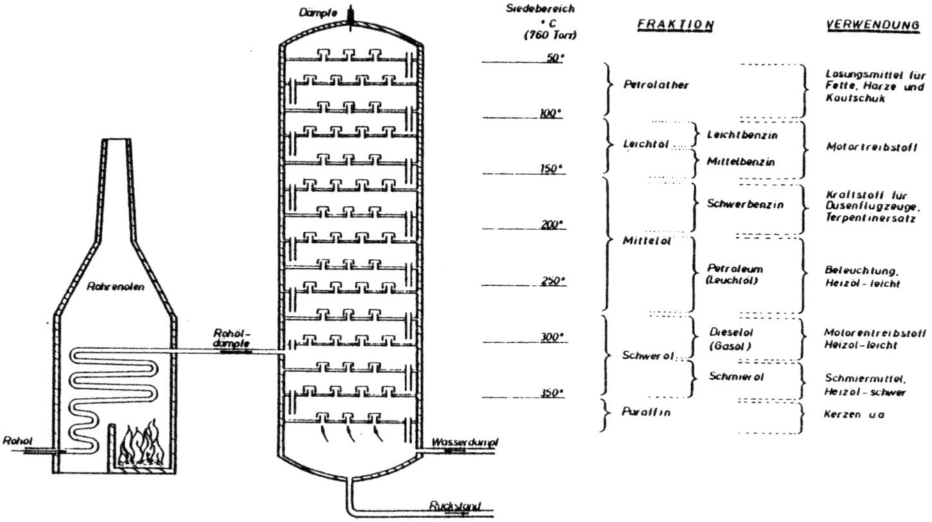

Quelle: Henniger-Frank: Lehrbuch der Chemie, Stuttgart 1965, S. 169; und: Cuny, H.: Chemie, 9. durchgesehene Auflage, Hannover 1972, S. 298

Diese Beschreibung der Rohöldestillation verdeutlicht, daß als wichtigstes Unterscheidungsmerkmal der Mineralölprodukte diejenige Temperatur heranzuziehen ist, bei der die einzelnen Produkte ihren Siedepunkt erreicht haben [1]. Von den so zu unterscheidenden Fraktionen sind in dieser Untersuchung nur diejenigen zu betrachten, die in den energetischen Endverbrauch eingehen. Dies sind

Benzin mit einem Heizwert Hu = 43.600 KJ/kg
(Normal und Super)

Dieselkraftstoff Heizwert Hu = 42.700 KJ/kg

Heizöl (leicht) Heizwert Hu = 42.700 KJ/kg

Heizöl (schwer) Heizwert Hu = 40.000 KJ/kg

Eine Gesamtübersicht über die Heizwerte aller in dieser Studie zu berücksichtigenden Energieträger bringt Übersicht 5.

Die fundortbedingten Schwankungen der Heizwerte werden durch die Bildung von Durchschnittswerten für jedes Jahr rechnerisch ausgeglichen. Im zeitlichen Ablauf ergeben sich daher aufgrund der jährlich angepaßten Durchschnittswerte ebenfalls Veränderungen. Eine Übersicht der Arbeitsgemeinschaft Energiebilanzen macht deutlich, daß diese temporären Schwankungen des mittleren Wärmegehalts bei max. 2% liegen [2].

---

1) Vgl. hierzu die Beschreibung der Mineralölprodukte im deutschen Gebrauchs-Zolltarif, Kapitel 27, in: Vorschriftensammlung der Bundesfinanzverwaltung, Verbrauchsteuern; Abschnitt: Abgaben auf Mineralöl, Fachteil: Mineralöl-Zoll, Ausgabe Februar 1974, S. 1 ff.

2) Arbeitsgemeinschaft Energiebilanzen (Hrsg): Energiebilanzen a.a.O., S. 15, vgl. auch Übersicht 6

Übersicht 5: Spezifische Wärmemengen der ausgewählten Energieträger [1)]

Energieträger	Heizwert Hu (in KJ/kg)
Steinkohle	
- Anthrazitkohle	32.650
- Flammkohle	30.558
Steinkohlenkoks	28.596
Braunkohlenbrikett	20.000
Steinkohlenbrikett	31.400
Motorenbenzin (Normal und Super)	43.600
Dieselkraftstoff	42.700
Heizöl (leicht)	42.700
Heizöl (schwer)	40.000
Naturgas	31.800 KJ/m^3
Ortsgas	16.000 KJ/m^3
Flüssiggas	45.887
Elektrizität	3.600 KJ/kWh

1) gültig für das Jahr 1977

Übersicht 6: Veränderungen in den Heizwerten von Energieträgern in den Jahren 1950 - 1976 (für die Bundesrepublik Deutschland)

Energieträger	Zeitraum	Heizwert in K Joule
Steinkohle	bis 1976	29.308
	1977	29.894
Steinkohlenkoks	bis 1976	28.470
	1977	28.596
Erdgas	bis 1966	32.238 KJ/m^3
	1967	32.125
	1968	32.025
	1969	31.983
	1970	31.749
	1971	31.774
	1972	31.916
	1973	32.021
	1974	31.945
	1975	31.941
	1976	31.820
	1977	31.736
Braunkohlenbrikett		
Steinkohlenbrikett		
Benzin		
Dieselkraftstoff	konstant.	
Heizöl (leicht und schwer)		
Ortsgas		

5.1.2 Probleme bei der Umwandlung der gesetzlichen Regelungen in die Belastung pro Wärmeäquivalent

Ein erster Überblick über die die Energieträger belastenden Steuernormen zeigt bereits, daß die einzelnen Bemessungsgrundlagen sehr unterschiedlich gestaltet sind, d.h. als physikalische Grundlage für die Ermittlung des Steuerbetrages werden sowohl Raum- als auch Gewichtseinheiten benutzt (vgl. Übersicht 7, S. 49).

Soll, wie vorgesehen, die fiskalische Belastung zum Wärmeäquivalent in Beziehung gesetzt werden, so ist zunächst für alle Energieträger einheitlich zu bestimmen, wie hoch die steuerliche Belastung pro Kilogramm ist. Der dann mögliche Quotient

$$\frac{\frac{\text{Belastung}}{\text{Kilogramm}}}{\frac{\text{Wärmemenge}}{\text{Kilogramm}}}$$

ergibt durch Umformung den gesuchten Quotienten

$$\frac{\text{Belastung}}{\text{Wärmemenge}}$$

In den Fällen, in denen die Steuernorm bereits von einer Gewichtseinheit als Bemessungsgrundlage ausgeht, ist eine problemlose Umrechnung der fiskalischen Belastung pro Kilogramm möglich. Wird als Bemessungsgrundlage jedoch eine Raumeinheit, wie z.B. Hektoliter bei Benzin oder Kubikmeter bei Gas, verwandt, so ist eine Transformation unter Anwendung der jeweiligen spezifischen Gewichte notwendig. Diese sind jedoch in den einzelnen EG-Staaten aufgrund unterschiedlicher Produktionsverfahren und stark vonein-

Übersicht 7: In den Steuernormen verwandte physische Bemessungsgrundlagen

	Gas		Kohle	Elektrizität	Mineralölprodukte				
	Naturgas, Ortsgas	Flüssig-gas			Normal-benzin	Super-benzin	Diesel-Kraftstoff	Heizöl leicht	Heizöl schwer
B	-	hl	kg	-	hl	hl	hl	hl	100 kg
D	-	100 kg	kg	-	hl	hl	100 kg	100 kg	100 kg
DK	-	-	kg	kWh	1.000 l	1.000 l	1.000 l	1.000 l	kg
F	-	1.000 m^3	kg	-	hl	hl	hl	hl	100 kg
GB	-	Gallone	kg	-	Gallone	Gallone	Gallone	Gallone	Gallone
Irl	-	-	kg	-	Gallone	Gallone	Gallone	Gallone	Gallone
I	m^3	kg / m^3	kg	kWh	100 kg	100 kg	100 kg	100 kg	100 kg
L	-	hl	kg	-	hl	hl	hl	hl	100 kg
NL	gigajoule	gigajoule	kg	-	hl	hl	hl	hl	hl

ander abweichender Zusammensetzungen [1] besonders für die Mineralölprodukte Normal- und Superbenzin, Dieselkraftstoff und leichtes Heizöl variabel. Als Grundlage für die im Rahmen dieser Untersuchung notwendigen Umrechnungen sollen die von der EG, Generaldirektion Finanzinstitutionen und Steuerfragen, benutzten spezifischen Gewichte dienen (vgl. Übersicht 8, S. 51 [2]). Alle Gewichte gelten bei einer Temperatur von 15° C. Die Angabe dieser Temperatur ist besonders bei den Mineralölprodukten wichtig, da sich diese mit zunehmender Temperatur verflüchtigen, das spezifische Gewicht also abnimmt. In den Mineralölsteuergesetzen der EG-Länder ist die jeweilige Bemessungsgrundlage jedoch überwiegend mit dieser Temperatur verbunden, so daß von hier keine Verzerrung der Belastung im Vergleich mit anderen Energieträgern auftreten kann.

5.2 Der Preis als Determinante wertorientierter Steuern

Während die Bestimmung der fiskalischen Belastung der Energieträger bei den mengenabhängigen Steuern, i.d.R. den speziellen Verbrauchsteuern, schon aufgrund der entsprechenden Steuernorm erfolgen kann, ist bei den wertabhängigen Steuern, hier in erster Linie der Mehrwertsteuer, neben der Steuernorm auch der Preis des Energieträgers zur Bestimmung der Belastung notwendig. Da bei der Ermittlung der jeweiligen Endverbraucher-Energieträgerpreise die nationalen Energiemarktstrukturen und -besonderheiten zu berücksichtigen waren, ist eine für jede Energieträgerkategorie gesonderte Darstellung zweckmäßig.

---

1) Benzin, Dieselkraftstoff oder Heizöl sind jeweils ein Gemisch von Kohlenwasserstoffen. Die Länge dieser Kohlenwasserstoffketten - und damit auch ihr spezifisches Gewicht - kann daher sehr unterschiedlich sein.

2) Kommission der Europäischen Gemeinschaften, Generaldirektion Finanzinstitutionen und Steuerfragen: Mehrwertsteuersätze und Mineralölsteuersätze vom 2.4.79 in den Mitgliedstaaten der Gemeinschaft, unveröffentlichtes Manuskript, Bruxelles 1979.

Übersicht 8: Durchschnittliche spezifische Gewichte ausgewählter Energieträger in den Ländern der EG

	Motoren-kraftstoff Normal	Motoren-kraftstoff Super	Motoren-kraftstoff Diesel	Heizöl leicht	Heizöl schwer	Heizöl schwer MRX 1 v. 4 S
	Spez. Gew. kg / l	Spez. Gew. kg / l	Spez. Gew. kg / l	Spez. Gew. kg / l	Spez. Gew. kg / l	Spez. Gew. kg / l
B	0,732	0,746	0,829	0,829	0,960	
D	0,733	0,758	0,829	0,835	0,960	0,960
DK	0,730	0,754	0,830	0,830	0,960	
F	0,732	0,749	0,830	0,836	0,960	0,960
GB	0,740	0,745	0,836	0,836	0,960	
Irl	0,729	0,746	0,835	0,836	0,960	
I	0,714	0,734	0,833	0,835	0,960	
L	0,732	0,746	0,829	0,829	0,960	
NL	0,735	0,744	0,832	0,832	0,960	0,960

a) Kommission der Europäischen Gemeinschaften, Generaldirektion Finanzinstitutionen und Steuerfragen: Mehrwertsteuer- und Mineralölsteuersätze am 2.4.1979 in den Mitgliedstaaten der Gemeinschaft, unveröffentlichtes Manuskript, Brüssel 1979

b) Regul, R. (Hrsg): Steuern und Zölle im Gemeinsamen Markt, Mineralölsteuer in den Ländern der EG, 40. Lieferung, 1/1976

5.2.1 Preise der Mineralölprodukte

Die Preise der zu berücksichtigenden Mineralölprodukte werden von einer Vielzahl von Unternehmen, Verbänden und öffentlichen Stellen erhoben. Obwohl es sich bei allen diesen Preisdaten um Durchschnittspreise handelt, sind sie nicht miteinander vergleichbar, da der Mittelwert entweder zu einem bestimmten Zeitpunkt oder für einen Zeitraum gilt. Es stellt sich daher das Problem der Beurteilung und Auswahl der zugrundezulegenden Produktpreise. Als erstes Kriterium für eine derartige Aussonderung bietet sich die in der Untersuchung erfolgte Methodik an, die die steuerliche Belastung der Energieträger an einem bestimmten Stichtag analysiert; es wurde hierfür der 1. Juli 1978 festgesetzt. Aufgrund dieser Zeitpunktbezogenheit wäre derjenige Preis, der am 1.7.78 Gültigkeit hatte, als Grundlage der Belastungsrechnungen zu nehmen. Gegen ein solches Vorgehen ist jedoch einzuwenden, daß ein zeitpunktbezogener Durchschnittspreis alle kurzfristigen Preisschwankungen wiedergibt und somit zu Verzerrungen der Preis- und Belastungsrelationen führen kann. Dieser Mangel ließe sich durch die Bildung eines Durchschnittspreises innerhalb eines Zeitintervalls um den für die Steuergesetze maßgeblichen Stichtag, hier dem 1.7.78, beheben. Die vorliegenden Preisdaten erlauben jedoch keine derartige Mittelwertbesteuerung, so daß unter Beachtung der einschränkenden Bedingungen diejenigen Preise der Untersuchung zugrundezulegen sind, die am Stichtag 1.7.78 Gültigkeit hatten.
Unter Berücksichtigung dieser Voraussetzungen werden für Dieselkraftstoff und Motorenbenzin (Super, Normal) die von der ARAL AG, Gelsenkirchen, übermittelten Preise ausgewählt [1]. Der Preis für Heizöl - Leicht basiert auf der von der Kommission der EG erstellten Preisübersicht, Stand:

---

1) Unveröffentlichtes Manuskript der ARAL AG, Gelsenkirchen: Preisvergleich Europa/VK-Tankstellengeschäft - Basis Bedienungstankstellen, Stand: Juli 1978.

15. September 1978 [1] während der Preis für Heizöl - Schwer den Erhebungen der SHELL AG, Hamburg [2] entnommen wurde (vgl. Übersicht 9, S. 54).

5.2.2 Gaspreise

Die der Studie zugrundegelegten Gaspreise beruhen auf einer Erhebung des Statistischen Amtes der Europäischen Gemeinschaften (EUROSTAT [3]). Sie waren die einzigen Preisdaten, die zum gleichen Zeitpunkt (Januar 1978) und für alle Länder der EG Gültigkeit hatten. Die EUROSTAT-Erhebung hat jedoch den Nachteil, daß sie nur zwei Gasarten, nämlich Naturgas und Ortsgas, umfaßt, während sie Flüssiggas ausklammert. Da alle Versuche, in jedem EG-Staat Preisinformationen über Flüssiggas zu erhalten, fehlschlugen, kann für diesen Energieträger keine Bestimmung der steuerlichen Belastung vorgenommen werden, soweit es sich um wertabhängige Steuern handelt.

Die in der EUROSTAT-Studie ermittelten Preise für Natur- und Ortsgas sind im Gegensatz zu den Preisen der Mineralölprodukte keine Durchschnittspreise. Sie gelten vielmehr für Abnehmer an ausgewählten Plätzen eines jeden Landes und berücksichtigen so die für Gaspreise typische Tarifgestaltung und die hierin eingearbeitete Mengendegression [4]. Um diese

---

1) Unveröffentlichtes Manuskript der Kommission der Europäischen Gemeinschaften, Generaldirektion Energie, Direktion Kohlenwasserstoffe, Prices-Marketsituation at 30.4.1979, vom 29.5.1979

2) Unveröffentlichtes Manuskript der SHELL AG, Hamburg: Europa-Preisvergleich (SHELL-Preise), frei-Haus-Preise, industrielle Verbraucher, Schwefelgehalt 2,0% - 3,5%, Partiegröße: > 25 Tonnen; Stand: 1.7.78

3) Statistisches Amt der Europäischen Gemeinschaften: Gas Prices 1976 - 1978, Luxembourg 1979

4) ebenda S. 9

Übersicht 9: Warenwert (Preise) der ausgewählten Mineralölprodukte

	Warenwert pro Liter (ohne Steuern)				Warenwert DM/t
	Normal-Benzin 1)	Super-Benzin 1)	Diesel-kraftstoff 1)	Heizöl leicht 2)	Heizöl schwer 3)
Belgien	0,381 DM	0,409 DM	0,337 DM	4,2490 BF	156,-- DM
Bundesrepublik Deutschland	0,380 DM	0,423 DM	0,393 DM	0,2457 DM	188,00 DM
Dänemark	0,379 DM	0,398 DM	0,333 DM	0,7478 DK	178,-- DM
Frankreich	0,389 DM	0,430 DM	0,322 DM	0,6480 FF	190,-- DM
Großbritannien	0,304 DM	0,311 DM	0,367 DM	0,0784 £	168,-- DM
Italien	0,322 DM	0,345 DM	0,290 DM	1,079 LIT	166,-- DM
Irland	0,304 DM	0,311 DM	0,367 DM	0,0762 £	245,-- DM
Luxemburg	0,374 DM	0,398 DM	0,355 DM	4,2490 LF	156,-- DM
Niederlande	0,376 DM	0,395 DM	0,330 DM	0,2853 FL	172,-- DM

Quelle: 1) unveröffentlichtes Manuskript der ARAL-AG, Gelsenkirchen;
Stichtag: 1.7.1978

2) unveröffentlichtes Manuskript der Kommission der Europäischen Gemeinschaften, Generaldirektion Energie;
Stichtag: 15.9.1978

3) unveröffentlichtes Manuskript der SHELL-AG, Hamburg;
Stichtag: 1.7.1978

Besonderheiten zu erfassen, werden für den Sektor Haushalte und den Sektor Industrie unterschiedliche Abnehmertypen bestimmt.

Für den Haushaltsbereich definiert die EG-Erhebung fünf typische Gasabnehmer, wobei als Unterscheidungskriterien neben der Abnahmemenge die Art des Verbrauchs herangezogen wird [1]:

Verbrauchergruppe	Jährliche Abnahme	Art des Verbrauchs
D 1	0 - 8,37 GJ	Kochen und Warmwasserzubereitung
D 2	8,38 16,74 GJ	
D 3	16,75 - 83,7 GJ	Kochen, Warmwasserzubereitung und Zentralheizung (in Einfamilienhaus)
D 3 b	83,8 - 125,6 GJ	
D 4	125,7 - 1.047 GJ	Sammelheizung für mindestens 10 Wohnungen.

Beim Industrieabnehmer wirkt sich neben der jährlichen Abnahmemenge auch die Gleichmäßigkeit der Gasentnahme aus dem Netz auf den Preis aus. Unter Berücksichtigung der Abnahmemenge und des Auslastungsgrades wurden für die Industrie folgende typischen Abnehmergruppen gebildet [2]:

1) Statistisches Amt der Europäischen Gemeinschaften: Gas Prices, a.a.O., S. 9

2) ebenda, S. 10

Verbrauchergruppe	Jährliche Abnahme	Auslastungsgrad
I 1	0 - 418,60 GJ	keine Annahme über die Benutzungsdauer
I 2	- 4,186 GJ	Benutzungsdauer: 200 Tage
I 3 - 1	- 41,860 GJ	Benutzungsdauer: 200 Tage oder 1.600 Std. (entspricht einem Betrieb, der während elf Monaten im Jahr pro Woche fünf Tage arbeitet)
I 3 - 2	- 418.600 GJ	Benutzungsdauer: 250 Tage oder 4.000 Std.
I 4 - 1	- 4.186.000 GJ	Benutzungsdauer: 250 Tage oder 4.000 Std. (entspricht einem grösserem Betrieb,der das Zehnfache von I 3-2 verbraucht und beispielsweise das ganze Jahr hindurch mit zwei Schichten arbeitet).
I 4 - 2	- 4.186.000 GJ	Benutzungsdauer: 330 Tage oder 8.000 Std.
I 5	- 41.860.000 GJ	Benutzungsdauer: 330 Tage oder 8.000 Std.

Für jede dieser Verbrauchergruppen und jeden Untersuchungsort ermittelt EUROSTAT dann einen Preis, der Grundpreis, Meßpreis, Zählermiete und Arbeitspreis umfaßt. Diese Preise geben zwar ein deutliches Bild über die gesamte Gaspreisstruktur in den einzelnen Mitgliedstaaten, auch wäre eine Analyse der steuerlichen Belastung der einzelnen Verbrauchertypen recht interessant. Insgesamt ist eine derart differenzierte Analyse der steuerlichen Belastung einiger weniger Energieträger jedoch nicht zum Vergleich mit der Belastung derjenigen Energieträger geeignet, die aufgrund von jeweils einem Durchschnittspreis berechnet wurde (z.B. Belastung der Mineralölprodukte). Aufgabe ist es daher, die vorliegenden Preisdaten so zu aggregieren, daß ein Vergleich mit anderen Energieträgerpreisen möglich wird, die Besonderheiten der Gaspreisgestaltung jedoch weitgehend berücksichtigt bleiben. Hiervon ausgehend wird die Differenzierung der Gaspreise nach Haushalts- und Industrieverbrauch beibehalten. Durch eine sich an Verbrauchsanalysen nach dem Verwendungszweck orientierende Gewichtung der einzelnen, abnehmerspezifischen Gaspreise ist für jeden der beiden Sektoren der entsprechende Mittelwert zu bilden. Danach ergibt sich im Bereich Haushalte [1] für

Italien

a) Naturgas: überwiegend Verbrauchsgruppen D 3, D 3 b und D 4

b) Ortsgas: überwiegend Verbrauchsgruppen D 1 und D 2; Ortsgas ist nur in Mailand, Neapel und teilweise in Rom verfügbar

Niederlande

a) Naturgas: überwiegende Verbrauchergruppe D 3, D 3 b und D 4

Preis: mittlerer Preis aus D 3 und D 4 in Rotterdam

b) Ortsgas: kein Ortsgas im Verbrauch

Großbritannien

a) Naturgas: überwiegende Verbrauchergruppe D 3 und D 3 b

Preis: mittlerer Preis aus D 3 und D 3 b in London, Glasgow, Birmingham, Leeds und Cardiff

b) Ortsgas: kein Ortsgas im Verbrauch

---

1) Statistisches Amt der Europäischen Gemeinschaften: Gaspreise 1970 - 1976, Luxemburg 1977, S. 17.

Irland

a) Naturgas: kein Naturgas im Verbrauch

b) Ortsgas: Der Gesamtverbrauch entfällt

zu 42% auf Verbrauchergruppe D 1
zu 13% auf Verbrauchergruppe D 2
zu 45% auf Verbrauchergruppe D 3.

Ein diese Verbraucherstruktur berücksichtigender mittlerer Preis ergibt sich durch Gewichtung der in Dublin ermittelten Einzelpreise.

Dänemark

a) Naturgas: kein Naturgas im Verbrauch

b) Ortsgas: auf die Gruppen D 1 und D 2 sowie D 3 entfallen insgesamt 79,5% des Gasverbrauchs. Der mittlere Preis ergibt sich als gewichtetes Mittel der in Kopenhagen festgestellten Einzelpreise.

Belgien

a) Naturgas: Entsprechend der Verbraucherstruktur sind die Preise der Gruppen D 1 und D 2, D 3, D 3 b und D 4 im gewichteten Mittel zu erfassen.

b) Ortsgas: zu vernachlässigender Anteil ($<$ 2%) am Gesamtgasverbrauch.

Bundesrepublik Deutschland

a) Naturgas: Der Jahresverbrauch entfällt zu 14% auf die Haushalte. Von der Gesamtzahl aller Haushalte sind wiederum ca. 25% an die Gasversorgung angeschlossen, so daß sich ein mittlerer Gasverbrauch der Haushalte von ca. 42 GJ/Jahr ergibt. Dies entspricht den Verbrauchergruppen D 3 und D 2. Somit ist für die Bundesrepublik

(Hamburg, Hannover, Düsseldorf, Frankfurt, Stuttgart, München) ein mittlerer Preis aus diesen Verbrauchergruppen zu bestimmen.

b) Ortsgas: Da inzwischen 97,5% des gesamten Gasverbrauchs auf Naturgas entfallen, ist der Ortsgasanteil zu vernachlässigen.

Luxemburg

a) Naturgas: Die Verbraucherstruktur ist vergleichbar mit derjenigen in den Niederlanden und in der Bundesrepublik [1].
Somit ist von einem Verbrauchsschwerpunkt in den Gruppen D 2 und D 3 auszugehen.

b) Ortsgas: Seit 1972 wird in Luxemburg kein Ortsgas abgegeben.

Frankreich

a) Naturgas: Von der Gesamtmenge aller an die Gasversorgung angeschlossenen Haushalte betreiben ca. 25% eine Zentralheizung, ca. 10% eine Gassammelheizung [2].
Aufgrund dieser Angaben werden die Preise der Verbrauchergruppen D 1 und D 2 zu 65%, die der Gruppen D 3, D 3 b zu 25% und die der Gruppe D 4 zu 10% in einen gewichteten mittleren Preis erfaßt.

Für die Industrieabnehmer läßt sich kein einheitlicher, die Verbraucherstruktur berücksichtigender Preis finden, da für diesen Bereich nur unvollständiges statistisches Material vorliegt. Um jedoch ein einheitliches Verfahren bei der Preisbildung anzuwenden, bietet sich die Angabe von Preisintervallen an, die nach unten durch den Preis der Verbrauchsgruppe I 1, nach oben durch den Preis der

---

1) Statistisches Amt der Europäischen Gemeinschaften: Gas Prices 1976 - 1978, a.a.O., S. 61

2) ebenda, S. 28

Gruppe I 4 - 1 begrenzt sind. Für die darüberliegenden Verbrauchsgruppen liegen nur in wenigen Staaten Angaben vor, so daß die Preise dieser Gruppen bei der Ermittlung des oberen Grenzpreises unberücksichtigt bleiben.
In Übersicht 10 sind die so ermittelten Preise für den Energieträger Gas (Naturgas sowie Ortsgas) dargestellt.

5.2.3 Elektrizitätspreise

Bei der Ermittlung der jeweiligen Elektrizitätspreise lagen unterschiedliche Informationen vor, so daß auch hier eine Bewertung und Auswahl des Preismaterials notwendig war. Die Kenntnis des mittleren Erlöses je kWh [1], definiert als die abgesetzte Elektrizität in GWh in Relation zur Einnahme der Versorgungsunternehmen, liefert zwar einen Durchschnittspreis für den Energieträger Elektrizität und berücksichtigt durch eine Differenzierung in Niederspannungs- bzw. Mittel- und Hochspannungsbezug auch die grundsätzlich unterschiedlichen Tarife im Haushalts- und Industriebereich. Gegen die Verwendung dieser Daten spricht jedoch, daß die letzten für die EG verfügbaren "Preise" aus dem Jahre 1977 stammen und sich nur auf 8 oder 9 Mitgliedsländer beziehen; für Dänemark liegen keine Angaben vor. Derartige Einwände sind gegen die Elektrizitätspreise, die das Statistische Amt der Europäischen Gemeinschaften in den Jahren 1973 - 1978 erhob, indessen nicht zu erheben [2]. EUROSTAT erfaßt unter Zugrundelegung der gleichen Methodik, die im Rahmen der bereits erwähnten Gaspreisstatistik [3] angewandt wurde, in jedem Land der

---

1) Statistisches Amt der Europäischen Gemeinschaften: Monatsbulletin Elektrizität, Nr. 2/79, Luxemburg 1979, S. 17

2) derselbe: unveröffentlichtes Manuskript der Abteilung Energie vom 2.7.79.

3) Vgl. S. 52 dieser Arbeit

Übersicht 10: Mittlerer Preis pro GJ (ohne Steuern) in Landeswährung

	Haushaltsverbraucherpreise		Industrieverbraucherpreise	
	Naturgas	Ortsgas	Naturgas	Ortsgas
Italien	2.905 LIT	6.256 LIT	I 1 - I 4.1 2.831 LIT 1.849 LIt	I 1, I 2 5.945 LIT 5.521 LIT
Niederlande	7,04 HFL	-	I 1 - I 4.1 6,71 HFL 5,64 HFL	-
Großbritannien	1,622 £UK	-	I 1 - I 4.1 1,74 £ UK 1,43 £ UK	-
Irland	-	3,83 £ Ir	-	I 1, I 2 3,23 £ Irl 3,11 £ Irl
Dänemark	-	47,07 DKR	-	I 1, I 2 45,93 DKR 38,29 DKR
Belgien	163 BFR	-	I 1 - I 4.1 142,6 BFR 87,3 BFR	-
Bundesrepublik Deutschland	16,20 DM	-	I 1 - I 4.1 11,83 DM 6,46 DM	-
Frankreich	32,82 FF	-	I 1 - I 4.1 17,64 FF 9,9 FF	-
Luxemburg	223,5 LFR	-	I 1 - I 3.2 116 LFR 74 LFR	-

Quelle: Statistisches Amt der Europäischen Gemeinschaften: Gaspreise 1970 - 1976, a.a.O.
derselbe: Gas Prices 1976 - 1978, a.a.O.
eigene Berechnungen

Gemeinschaft die Elektrizitätspreise für mehrere Verbrauchertypen getrennt nach Haushalts- und Industriebereich. Diese typischen Abnehmer werden durch ihre wichtigsten Verbrauchsbedingungen definiert (vgl. Übersicht 11). Die Einbeziehung dieser differenzierten Elektrizitätspreise in die Berechnung der steuerlichen Belastung von Elektrizität wirft die gleichen Probleme auf, die bereits bei der Bestimmung der Gaspreise diskutiert wurden. Daher ist es sinnvoll, auch den Preis für den Energieträger elektrischer Strom als sektorbezogenen Preis, d.h. grundsätzlich getrennt nach Haushalts- und Industrieabnehmerpreis zu gestalten. Bei der in Analogie zur Gaspreisfindung für jeden Sektor durchzuführenden Mittelwertbildung treten jedoch Probleme auf, da die als Gewichtung dienenden Strukturen des Stromverbrauchs nicht für alle EG-Staaten zu ermitteln war. Aufgrund der nicht verfügbaren Datenbasis soll daher statt des sektorspezifischen Mittelwerts für die Sektoren Haushalte und Industrie lediglich ein Preisintervall angegeben werden, das den oberen und unteren Bezugspreis angibt (vgl. Übersicht 12).

5.2.4 Preise der Kohle

Für die bei dieser Untersuchung berücksichtigten Energieträger Anthrazitkohle, Flammkohle sowie Steinkohlenkoks liegen zwei grundsätzlich verschiedene Preise vor, die Listenpreise sowie Endverbraucherpreise. Die Listenpreise werden von den Produzenten, z.B. der Ruhrkohle AG, Essen, herausgegeben. Diese Preise gelten ab Zeche und lassen die durch den Transport der Produkte zum Endverbraucher verursachten Aufwendungen und Gewinnspannen außer Be-

Übersicht 11: Typisierung der Stromverbraucher

Haushalt (Versorgung über Niederspannung)

Verbraucher-typ	Jahres-verbrauch	(darunter Nachtverbrauch)	Bestellte Leistung	Wohnungstyp	Größe (in qm)
Da	600 kWh	-	$\leqslant$ 3 kW	2 Zimmer + Küche	50
Db	1 200 kWh	-	3 - 6 kW	3 Zimmer + Küche	70
Dc	3 500 kWh	(1 300)	4 - 9 kW	4 Zimmer + Küche	90
De	20 000 kWh	(15 000)	$\geqslant$9 kW	5 Zimmer + Küche	120

Der Richtbestand an Geräten ist folgender:

Da = Licht, Rundfunk, Fernsehen, Kühlschrank, bescheidene Ausrüstung mit Haushaltsgeräten

Db = Gerätebestand Da + Waschmaschine oder Geschirrspüler

Dc = Gerätebestand Db + Heißwasserspeicher

De = sogenannter "vollelektrischer" Gerätebestand mit elektrischer Heißwasserbereitung und Heizung auf Speicherbasis

Industrie (Versorgung über Mittel- und Hochspannung)

Verbrauchertyp	Jahresverbrauch	Höchstlast	Jährliche Benutzungsdauer
Ia	30 000 kWh	30 kW	1 000 Stunden
Ib	50 000 kWh	50 kW	1 000 Stunden
Ic	160 000 kWh	100 kW	1 600 Stunden
Id	1 250 000 kWh	500 kW	2 500 Stunden
Ie	2 000 000 kWh	500 kW	4 000 Stunden
If	10 000 000 kWh	2 500 kW	4 000 Stunden

Quelle: Unveröffentlichtes Manuskript des Statistischen Amtes der Europäischen Gemeinschaften vom 2.7.1979

Übersicht 12: Elektrizitätspreise der jeweils oberen und unteren Verbrauchsgruppe für Haushalt und Industrie.

Hierbei wird jeweil der Durchschnitt aus den verfügbaren Preisen gebildet (erhoben in bestimmten Städten der EG). Die errechneten Werte enthalten keine Steuern und sind in der jeweiligen Währung dargestellt. Gültig für Januar 1978.

		Haushalte (Low Volt.)		Unternehmen (High Volt.)	
Belgien	bfrs	Da 5,03	De 1,72	Ia 3,19	If 1,77
Deutschland	DM	Da 0,2820875	De 0,0780625	Ia 0,2561	If 0,1158875
Dänemark	DKR	Da 0,4615	De 0,22075	Ia 0,3445	If 0,22
Irland	£	Da 0,04142	De 0,01906	Ia 0,04307	If 0,02238
Italien	LIT	Da 30,10	De 54,68	Ia 37,08	If 32,03
Luxemburg	lfrs	Da 3,95	De 1,26	Ia 2,40	If 1,45
Frankreich	FF	Da 0,4463	De 0,180967	Ia 0,288225	If 0,164425
Niederlande	HFL	Da 0,2344667	De 0,1102333	Ia 0,1811	If 0,1066333
Großbritannien	£	Da 0,0422725	De 0,016425	Ia 0,0347625	If 0,020205

tracht [1]. Benötigt wird aber der Endverbraucherpreis als Grundlage zur Berechnung der steuerlichen Belastung des Energieträgers Kohle.

Für die Bundesrepublik Deutschland ergibt sich der Endverbraucherpreis für Anthrazitkohle [2], Flammkohle und Steinkohlenkoks [3], jeweils als Durchschnittspreis auf der Basis von Einzelpreisen in 28 deutschen Städten. Ähnlich lassen sich die entsprechenden Preise in Großbritannien ermitteln [4].

---

1) Der Listenpreis für 1 Tonne Ruhr-Dauerbrand, Anthrazit Nuß 3 (30/18 mm), betrug am 1.8.78 DM 259,84 im Gegensatz zu einem Endverbraucherpreis in Köln von DM 346,--. Quelle: Kommission der Europäischen Gemeinschaften, Generaldirektion Energie, Direktion Kohle (Hrsg): unveröffentlichtes Manuskript der Kleinverbraucherpreise am 1.8.78 in der Bundesrepublik Deutschland.

2) Preis für Anthrazitkohle (Ruhrdauerbrand), Körnung: Nuß 3 (30/18 mm), im zentnerweisen Kleinverbrauch, d.h. bei Abnahme bis zu 20 Zentnern. Die Preise, die industrielle Großabnehmer zu zahlen haben, sind nicht zu ermitteln, da hier i.d.R. Sonderverträge vorliegen.

3) Flammkohle: Preis für Ruhr-Spezialbrand 3, Körnung: Nuß 3 (30/18mm);
Steinkohlenkoks: Ruhrkoks 3, Körnung: 40-20 mm.

4) Unveröffentlichtes Manuskript der Kommission der Europäischen Gemeinschaften, Generaldirektion Energie, Direktion Kohle: Charakteristische Einzelhandelspreise - London und andere südliche Gebiete (Groß-London und Süd-Wales);
Flammkohle: Houscoal, Group 2
Anthrazitkohle: Anthracite, Stove Nuts 1.

Da für Frankreich, Belgien und Italien nur Preisdaten in jeweils einer Stadt, d.h. nur für Paris [1], Brüssel und Mailand, verfügbar waren, sollen diese Preise den Berechnungen der steuerlichen Belastung der Kohle-Produkte zugrundegelegt werden. Bei der Beurteilung der Ergebnisse wird gerade hier besonders zu beachten sein, daß sie eine nur regional begrenzte Aussagefähigkeit besitzen.

---

1) Preise für Paris (Stand: 5.10.78)
Durchschnittswert von

Anthrazit (Franz.), Körnung: 20/30 Anthrazit Sophia-Jacoba-Argentan, Körnung: 20/30 Donez-Anthrazit, Körnung: 20/30 Anthrazit anderer Herkunft, Körnung: 20/30	für Anthrazitkohle
Flammkohle (Lothringen), Körnung: 20/30 Flammkohle (Polen), Körnung: 20/30	für Flammkohle

Preise für Brüssel (Stand 1.5.78)
Durchschnittspreis von

Anthrazit A, Körnung: 20/30 Anthrazit Supra, Körnung: 20/30 Anthrazit Sophia-Jakoba, Körnung: 20/30 Generatoranthrazit, Körnung: 20/30 Donez-Anthrazit, Körnung: 20/30	für Anthrazitkohle
kohle, Körnung: 20/30	für Flammkohle

Quelle: Unveröffentlichtes Manuskript der Kommission der Europäischen Gemeinschaften, Generaldirektion Energie, Direktion Kohle.

Preise für Mailand (Stand: 1.12.78; Großhandelspreise)
Durchschnittspreis von

Russa primaria, Körnung: 25/50 Tedesca Sophia Jacoba, Körnung: 30/50	für Anthrazitkohle
Carboni a flamma lunga Polacco, Körnung: 40/80	für Gasflammkohle

Quelle: Camera di Commercio Industria Artigianato e Agricoltura di Milano: Listino setlimanole dei prezzi all'nigrosso sulla piazza di Milano, 12 marzo, 1979.

Trotzdem ist diesen Ergebnissen Bedeutung beizumessen, da sie eine erste Aussage über die Belastungen dieser Energieträger und einen Vergleich mit anderen Energieträgern zulassen. Für Dänemark, die Niederlande, Luxemburg und Irland hingegen fehlen derartige Preisangaben, so daß ein solcher Vergleich in diesen Ländern nicht möglich ist.

Auch für Braunkohlenbrikett konnten nur in einigen wenigen EG-Ländern die Endverbraucherpreise ermittelt werden [1].

Eine Zusammenfassung aller in die Berechnung der steuerlichen Belastung der Kohle einzubeziehenden Preise gibt Übersicht 13.

5.3 Die vergleichende Studie unter dem Währungsaspekt

Ein alle Mitgliedsländer der EG einschließender Vergleich der Energiebesteuerung steht nach der Ermittlung der Preise in Landeswährung vor der Frage, auf welche Weise sich die steuerlichen Belastungen der Energieträger international gegenüberstellen lassen. Da die Wahl der hier anzuwendenden Relation die Zuverlässigkeit und Aussagefähigkeit der Studie maßgeblich beeinflußt, sind die zur Auswahl stehenden Möglichkeiten ausführlich dargestellt [2].

---

1) Endverbraucherpreise in der Bundesrepublik Deutschland: Statistisches Bundesamt: Fachserie 17: Preise, Reihe 7: Preise und Preisindices für die Lebenshaltung, Wiesbaden 1978, S. 77.
Endverbraucherpreise in Frankreich: Unveröffentlichtes Manuskript der Kommission der Europäischen Gemeinschaften, Preise für Paris.
Endverbraucherpreise in Italien: Camera di Commercio Industria Artigianato e Agricoltura di Milano: Listino setlimanole ..., a.a.O., S. 15

2) Einen kurzen Überblick über die in der Theorie diskutierte Vergleichseinheit liefert: Statistisches Amt der Europäischen Gemeinschaften: Gas Prices 1976 - 1978, a.a.O., S. 11 ff.

Übersicht 13: Warenwert (Preise) der ausgewählten Kohleprodukte

	Anthrazitkohle	Gasflammkohle	Steinkohlenkoks	Braunkohlenbrikett
Belgien 4)	5.358,50 bfrs	4.575,50 bfrs	-	-
Deutschland	396,-- DM[1)]	317,50 DM[1)]	372,-- DM[1)]	214,50 DM
Dänemark	-	-	-	-
Frankreich 3)	752,-- FF	491,50 FF	793,-- FF	496,80 FF
Großbritannien 2)	-	47,95 £	-	-
Irland	-	-	-	-
Italien 5)	131.600 LIT	63.700 LIT	-	78.800 LIT
Luxemburg	-	-	-	-
Niederlande	-	-	-	-

1) eigene Berechnungen; Stichtag: 1.8.1978

2) unveröffentlichtes Manuskript der Kommission der Europäischen Gemeinschaften, Generaldirektion Energie; Stichtag: 1.10.1977

3) ebenda; Stichtag: 5.10.1978

4) ebenda; Stichtag: 1.5.1978

5) Camera di Commercio; Stichtag: 12.3.1979

So bietet sich einmal ein Umrechnungsverfahren, welches alle zu vergleichenden Preise aufgrund der Devisen- bzw. Wechselkurse in eine Währungseinheit, z.B. DM oder US-Dollar, umrechnet. Ein solches Verfahren hätte den Nachteil, daß sich schon geringfügige, meist kurzfristige Schwankungen der Kurse sofort in einer Veränderung der Belastungsrelationen niederschlagen. Dieser Nachteil wird durch eine vergleichende Betrachtung auf der Basis von Europäischen Rechnungseinheiten (ERE) erheblich verringert, freilich auch nicht ganz behoben, obwohl in der ERE die Ausgleichungsbewegung, die aus der Schwankung einer einzigen Währung resultiert, auf alle Währungen verteilt wird. Bei beiden Umrechnungsverfahren wirkt sich jedoch nachteilig aus, daß zwischen dem offiziellen Umrechnungswert der Währung und dem durch ihn zum Ausdruck kommenden wirtschaftlichen Gewicht der dahinterstehenden Volkswirtschaft oft eine große Differenz besteht. Dadurch, daß der Wechselkurs in ein System fester Paritäten eingebunden oder der Wechselkurs aufgrund binnen- bzw. außenhandelspolitischer Erwägungen manipuliert wird, schlägt sich die wirtschaftliche Entwicklung eines Landes, seine Konsum- und Produktionsstruktur nicht im Wechselkurs nieder [1]. Ein internationaler Vergleich der Steuerbelastung, der diese Merkmale jedoch berücksichtigen will, muß auf der Grundlage von Kaufkraftparitäten oder der gern verwendeten Hilfsgröße 'Arbeitsstunden' erstellt werden. Die Bestimmung derjenigen Arbeitsstunden, die zum Erwerb eines bestimmten Gutes zu leisten sind, stößt allerdings bei der Umwandlung der Arbeitsstunden in monetäre Größen auf Probleme. So ist unklar, ob als Äquivalent der Arbeitsstunden die durchschnittlichen Kosten je Arbeitsstunde oder der durchschnittliche Stundenlohn aller Beschäftigten gelten soll. Unabhängig hiervon ist festzustellen, daß beide Werte in den

1) Berolzheimer, J.: Probleme internationaler Finanzvergleiche, in: Handbuch der Finanzwissenschaft, 2. Auflage, Bd. 4, Tübingen 1965, S. 24 f.

EG-Mitgliedstaaten aufgrund unterschiedlicher Systeme der Entlohnung, der Besteuerung, der sozialen Sicherung und der Arbeitsorganisationen untereinander nicht vergleichbar sind. Somit ist diese Methode zur Transformierung nationaler Währungsbeträge in international vergleichbare Größen nicht anwendbar.

Demgegenüber berücksichtigt der Kaufkraftparitätenvergleich die relative Kaufkraft jeder einzelnen Währung. Die Unter- und Überbewertungen der an den internationalen Märkten entstandenen Wechselkurse werden eleminiert und ein Vergleich möglich, der auf dem Preisniveau des betreffenden Landes basiert. Daher soll die Kaufkraft der Währungen als Einheit für einen internationalen Vergleich der steuerlichen Belastung der Energieträger genommen werden. Um die Vielzahl der Einzelkaufkraftverhältnisse zu reduzieren, soll in Anlehnung an das vom Statistischen Amt der EG beim Vergleich der Gaspreise angewandte Verfahren [1] eine Standard-Kaufkrafteinheit (PPS) gebildet werden. Das Verhältnis der Kaufkraftparität, das sich dann aus dieser Standardeinheit und jeder nationalen Währung ergibt, bringt die Anzahl von nationalen Währungseinheiten zum Ausdruck, die erforderlich sind, um die gleiche Menge von Gütern und Dienstleistungen in jedem Land der Gemeinschaft zu kaufen. Die Paritäten selbst wurden auf einer Basis von ca. 1.000 Gütern und Dienstleistungen vom Statistischen Amt der EG ermittelt. Dieser Korb der Güter und Dienstleistungen umfaßt 700 Produkte, die in den Endverbrauch der Haushalte gehen, 200 Investitionsgüter und 100 Güter des öffentlichen Verbrauchs.

Die in dieser Studie angewandten Faktoren für die Umrechnung der nationalen Währungen in Kaufkraftparitäten sind in Übersicht 14 dargestellt.

---

1) Statistisches Amt der Europäischen Gemeinschaften: Gas Prices 1976 - 1978, a.a.O., S. 13 f.

Übersicht 14: Tabelle für die Umrechnung des Kaufkraftstandards (KKS) Conversion Table for the Purchasing Power Standards (PPS)

			1975	1978
1 KKS =			1 PPS =	
Bundesrepublik Deutschland		DM	3,42	2,97
France		FF	5,75	5,96
Italia	100	LIT	6,70	8,28
Nederland		HFL	3,36	3,20
Belgique		BFR	50,23	47,24
Luxemburg		LFR	47,81	45,45
United Kingdom		UKL	0,466	0,516
Ireland		IRL	0,458	0,521
Danmark		DKR	8,47	8,72

Quelle: Statistisches Amt der Europäischen Gemeinschaften: Gas Prices 1976 - 1978, a.a.O., Annex, Table No 30, S. A 33.

6. Durchführung der Analyse und Ergebnisse

6.1 Untersuchungsschema

Die Berechnung der steuerlichen Belastung der Energieträger läßt sich anhand des in Schaubild 3 dargestellten Flußdiagramms durchführen.

Die Bestimmung derjenigen Belastung, die aus der jeweiligen speziellen Verbrauchsteuer entsteht, sowie die Berechnung der aus steuerähnlichen Abgaben resultierenden Belastung geschieht nach Maßgabe der einzelnen, hier ausgewählten Steuer-Gesetze und Verordnungen. Die Mehrwertsteuerbelastung ergibt sich aus der Summe von Warenwert und Belastung durch spezielle Verbrauchsteuern sowie steuerähnliche Abgaben, die mit dem entsprechenden Mehrwertsteuersatz zu multiplizieren ist. Als Gesamtergebnis dieser Berechnung liegt zunächst die Belastung jedes Energieträgers vor, bezogen auf die jeweilige Gewichts- oder Raumeinheit.

In einem nächsten Schritt sind diese Belastungswerte mit Hilfe der eingangs definierten energiespezifischen Heizwerte in die Belastung pro Wärmeäquivalent umzurechnen. Der internationale Vergleich der Steuerbelastung ist jedoch erst dann möglich, wenn die in nationalen Währungseinheiten vorliegenden Belastungsaussagen mit Hilfe der in Tabelle 14 aufgestellten Faktoren für die Umrechnung der Währungen nach Kaufkraftstandard in einem dritten Schritt nochmals transformiert werden.

Schaubild 3: Berechnung der Gesamtbelastung

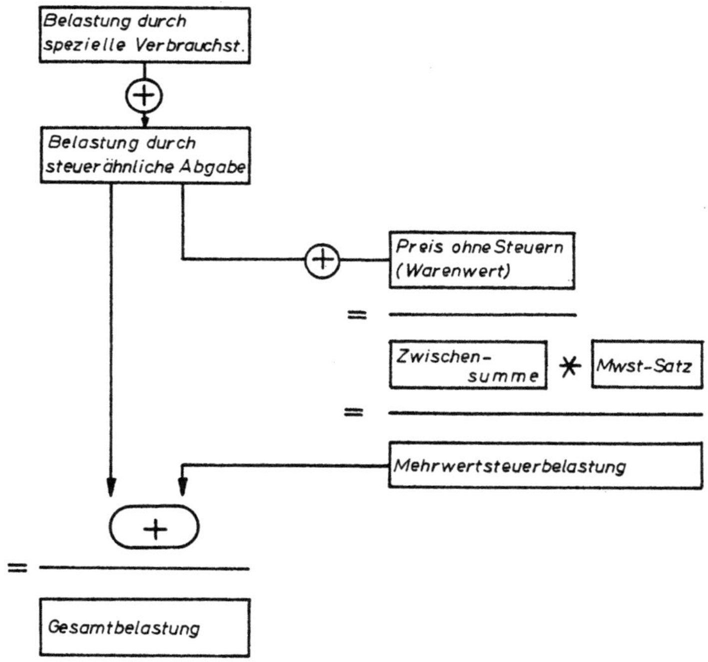

6.2 Belastung der Energieträger durch "Steuern auf spezielle Güter" und steuerähnliche Abgaben

Ein erster Hinweis auf den Umfang sowie die Bedeutung der durch Steuern und Abgaben dieser Art verursachten Belastung der Energieträger ergibt sich aus einer Gegenüberstellung des Aufkommens dieser Steuern in den Ländern der EG (vgl. Übersicht 14).

Abb. 1: Anteil des Aufkommens durch spezielle Steuern auf Energieträger am Gesamtsteueraufkommen

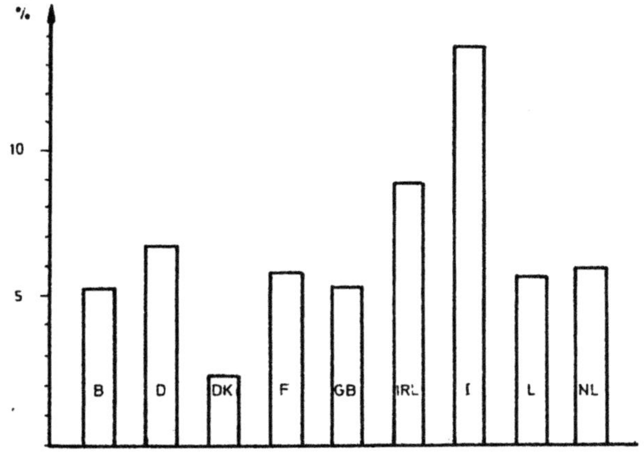

Quelle: Statistisches Amt der Europäischen Gemeinschaften: Steuerstatistik 1970 - 1976 ; Luxemburg 1978; S. 26 - 29 und eigene Berechnungen (Zahlen für das Jahr 1976)

Abbildung 1 verdeutlicht die Anteile des Aufkommens durch spezielle Steuern auf Energieträger am Gesamtsteueraufkommen. Es zeigt sich, daß das Aufkommen dieser eigentlichen Energiesteuern in 6 der 9 Mitgliedstaaten nahezu einheitliche Anteile am Gesamtsteueraufkommen hat. Berücksichtigt man, daß der dänische Anteil durch die Nichterfassung des Stromsteueraufkommens zu niedrig angegeben ist, so ließe sich die Vermutung anstellen, daß die Besteuerung der Energieträger in der Gemeinschaft insgesamt ein doch recht einheitliches Bild liefert.

Diese Vermutung wird durch einen Blick auf die Anteile des Aufkommens der eigentlichen Energiesteuern am Gesamtaufkommen aller Steuern auf spezielle Güter verstärkt. Auch hier schwankt bei 6 der 9 EG-Länder dieser Anteil lediglich ± 6 % um einen fiktiven Mittelwert. Dies könnte als weiteres Indiz für die Annahme einer doch schon weitergehenden Harmonisierung auf dem Gebiet der Energiebesteuerung gedeutet werden.

Eine Bestätigung dieser Hypothese ist wegen des hohen Aggregationsgrades des hier vorliegenden Zahlenmaterials jedoch nicht möglich. Hierzu müssen alle einzelsteuerlichen Regelungen, die in die Kategorie der Steuern auf spezielle Güter fallen, analysiert und die aus ihnen resultierenden, dem Energieträger zurechenbaren Belastungen bestimmt und miteinander verglichen werden.

6.2.1 Belastung des Energieträgers Gas

Für den Primärenergieträger Naturgas sowie die Sekundärenergie Ortsgas gelten nur in einigen Gemeinschaftsländern steuerliche Regelungen, die als Steuer auf spezielle Güter bezeichnet werden können. So werden Orts- und Naturgas nur in <u>Italien</u> und in den <u>Niederlanden</u> durch eine spezielle "Verbrauchsteuer" belastet. Die italienische Sonderverbrauchsteuer (imposta di consumo [1])) trifft lediglich den Gasverbrauch der Haushalte. Dieser speziellen Gassteuer sind bei einem Steuertarif von 30 LIT/m^3 sowohl der Naturgas- als auch der teilweise noch vorhandene Ortsgasverbrauch unterworfen. Der Gasverbrauch der Industrie wird von dieser

1) Statistisches Amt der Europäischen Gemeinschaften: Gas Prices 1976 - 1967, Luxemburg 1979, S. 34.

Übersicht 15: Anteil der speziellen Energieträgersteuern am Gesamtsteuer- bzw. Verbrauchsteueraufkommen

	Steuern auf spezielle Güter, die dem Energieträger direkt zurechenbar sind[1]	Verhältnis: spezielle Steuern auf Energieträger/ Gesamtsteuer-aufkommen	Verhältnis: spezielle Steuern auf Energieträger/ Aufkommen aus allen Steuern auf spezielle Güter
Belgien	Mineralölsteuer, Benzolsteuer, Steuer auf verflüssigtes Erdgas	5,27 %	57,76 %
Deutschland	Mineralölsteuer, Kohlepfennig	6,87 %	56,47 %
Dänemark	Benzinsteuer, Steuer auf den Stromverbrauch	2,19 %[2]	14,81 %
Frankreich	Mineralölsteuer, Gemeinde- und Departementsteuer auf Elektrizität, Kohlenwasserstoffonds, Ölabgabe	5,71 %	60,83 %
Großbritannien	Mineralölsteuer	5,32 %	33,11 %
Irland	Mineralölsteuer	8,98 %	31,03 %
Italien	Mineralölsteuer, Steuer auf elektrische Energie, Steuer auf Flüssiggas	13,43 %	70,07 %
Luxemburg	Mineralölsteuer, Benzolsteuer, Steuer auf verflüssigtes Erdgas	5,56 %	54,03 %
Niederlande	Mineralölsteuer, Steuer auf Luftverschmutzung	5,74 %	58,91 %

1) Vgl. die Aufzählung der Steuern in Übersicht 1, S. 21

2) Das Aufkommen der Stromsteuer konnte hier nicht berücksichtigt werden, da diese Steuer erst nach dem 31.12.1976 eingeführt wurde.

Quelle: Statistisches Amt der Europäischen Gemeinschaften: Steuerstatistik 1970 - 1976, Luxemburg 1978; Zahlen für das Jahr 1976.

Steuer nicht erfaßt. In den Niederlanden wird dasjenige Gas, das als Brennstoff genutzt wird, mit der Steuer auf Luftverschmutzung (Heffingen Luchtverontreiniging [1]) belastet. Der Steuersatz beträgt für alle Verwender einheitlich 0,84 FL/gigajoule.
Waren die vorangegangenen speziellen Abgaben auf den Energieträger Gas der Einnahmekategorie "Steuern" im Sinne von Zwangsabgaben ohne Anspruch auf Gegenleistung eindeutig zuzuordnen, ist diese Kennzeichnung der an die Förderung von Erdgas anknüpfenden Abgabe, die Förderzins oder Royalities genannt und in allen erdgasproduzierenden EG-Staaten erhoben wird [2], zu überprüfen. Aus juristischer Sicht handelt es sich beim Förderzins um eine "bergrechtliche Konzessionsabgabe, die ursprünglich vom Landesherrn oder König, nunmehr vom staatlichen Gemeinwesen für das Privileg erhoben wird, Naturschätze abzubauen" [3]. Diese Abgabe beruht im Bergrecht auf der Überlegung, daß bestimmte Naturschätze nicht dem betreffenden Landeigentümer, sondern als gemeinsames Erbe aller Mitglieder des politischen Gemeinwesens, nur dem Staat insgesamt zustehen.
Der Einzelne darf daher diese Naturschätze nur gegen ein Entgelt an den Staat nutzen [4] [5]. Wird diese juristische Begründung des Förderzinses unter finanzwissenschaftlichen Aspekten betrachtet, so ergeben sich zwei Hinweise für die Beurteilung dieser Abgabe hinsichtlich ihres Steuercharakters. Einmal wird deutlich, daß das Recht zum Abbau von Bodenschätzen als reines privates Gut aufzufassen ist, da durch die Vergabe dieses Rechts, gleichwohl von wem,

---

1) Kommission der Europäischen Gemeinschaften: Inventar der Steuern ..., a.a.O., S. 617

2) Unveröffentlichte Mitteilung des Wirtschaftsverbandes Erdöl- und Erdgasgewinnung e.V., Hannover, vom 29.5.1979.

3) Fritsche, M.: Fiskalregime von Bergbauvorhaben, Frankfurt 1979, S. 83.

4) ebenda, S. 84.

5) Im Gegensatz hierzu steht die amerikanische Rechtspraxis, die dem Landeigentümer auch das Recht der Nutzung der in seinem Boden befindlichen Rohstoffe zugesteht.
Adelmann, M.: The World Petroleum Market, Resources for the Fut_ure, Baltimore 1972, S. 44.

alle diejenigen von der Förderung ausgeschlossen werden, die nicht bereit sind, für dieses Recht zu bezahlen [1]. Entgegen der amerikanischen Praxis messen die europäischen Staaten der Vergabe derartiger Konzessionen jedoch eine so große Bedeutung bei, daß sie diesen Vorgang nicht völlig dem privaten Bereich überlassen, sondern selbst eingreifen. Damit bekommt das Recht der Vergabe von Konzessionen den Charakter eines meritorischen Gutes [2]. Zum anderen zeigt die juristische Beurteilung des Förderzinses - und dies ist für die finanzwissenschaftliche Einschätzung wohl entscheidend -, daß die nunmehr staatliche Leistung, nämlich die Vergabe der Förderkonzession, nur gegen ein Entgelt - den Förderzins - abgegeben wird, oder umgekehrt ausgedrückt: der Zahlung des Konzessionsnehmers steht eine staatliche Gegenleistung in Form der Förderkonzession gegenüber. Dieser Sachverhalt berechtigt, beim Förderzins von einer am Äquivalenzprinzip orientierten Abgabe zu sprechen. Da Zahlung und Anspruch auf Gegenleistung zudem fest miteinander verknüpft sind, handelt es sich beim Förderzins nicht um eine Steuer, sondern um eine Gebühr. Als Gegensatz zum Förderzins sei die Abwasserabgabe erwähnt, bei der der Abgabepflichtige durch die Zahlung der Steuer keine Gegenleistung, etwa in der Form eines Einleitungsrechts erhält und die daher auch als Steuer zu klassifizieren ist [3]. Als Einwand gegen eine derartige steuertheoretische Klassifizierung ließe sich vorbringen, daß die Höhe des Förderzinses in einigen Mitgliedsländern durch hoheitlichen Akt einseitig festgesetzt und die Abgabe dadurch zur Zwangsabgabe wird. Dieser Einwand ist jedoch zurückzuweisen, da eine Abgabe erst dann als Steuer zu bezeichnen ist, wenn sie <u>sowohl</u> Zwangsabgabe <u>als auch</u> Abgabe ohne Anspruch auf Gegenleistung ist.

---

1) Musgrave, R.: Finanztheorie, 2. Auflage, Tübingen 1969, S. 8.

2) ebenda: S. 14 f.

3) Hansmeyer, K.-H. etal.: Steuern auf spezielle Güter, in: Handbuch der Finanzwissenschaft, a.a.O., S. 856.

Da dem Förderzins aber eine Gegenleistung entspricht, reicht das Nichtvorhandensein eines Elements der Steuerdefinition schon aus, um den Ausschluß des Förderzinses aus der Menge der Steuern zu begründen. Die bergrechtlichen Konzessionsabgaben, die als Förderzins oder Royalities bekannt sind, lassen sich vielmehr als Gebühr in das Schema staatlicher Einnahmen einordnen, wobei sich die Höhe dieser Gebühr nicht am Prinzip der Kostendeckung, sondern losgelöst von irgendwelchen Kostenüberlegungen, allein eine am gewünschten Zielerfüllungsgrad öffentlicher (= meritorischer) Aufgaben orientiert [1]. Mit der gleichen Begründung sind auch die in einigen EG-Staaten existierenden Konzessionsabgaben, die die öffentlichen Energieversorgungsunternehmen "an eine Gemeinde, einen Gemeindeverband oder einen Zweckverband für die Gestattung der Benutzung der Verkehrsräume zur Verlegung von Versorgungsleitungen" [2] zu entrichten haben, aus der Gesamtmenge der in dieser Studie zu analysierenden Steuern auszuklammern.

Zusammenfassend ergibt sich somit für die Belastung von Natur- und Ortsgas durch spezielle Steuern folgendes Bild:
In 7 der 9 Mitgliedstaaten bleiben Natur- und Ortsgas unbelastet; lediglich in Italien und in den Niederlanden wird eine derartige spezielle Steuer erhoben.

	Steuertarif	Belastung pro 10.000 KJ in KKS [3]
Italien: imposta di consumo (nur auf den Gasverbrauch der Haushalte)	30 LIT/m^3	a) Naturgas: 0,0113 b) Ortsgas: 0,0226
Niederlande: Heffingen Luchtverontreiniging	0,84 FL/ gigajoule	Naturgas: 0,00003 KKS

1) Hansmeyer, K.-H./Fürst, D.: Die Gebühren, Stuttgart, Berlin-Köln-Mainz 1969, S. 138 ff.

2) Markiller, K.: Konzessionsabgabenrecht, 2. Auflage, München 1978, S. 4

3) Vgl. Anhang, Tabelle 2a, Spalte 4; Tabelle 2b , Spalte 4

Wie die Tabelle zeigt, ist die Belastung des Wärmeäquivalents in den Niederlanden im Vergleich zu derjenigen, die die italienischen Haushalte zu tragen haben, verschwindend gering.

Diese spezielle Belastung des Haushaltsverbrauchs differiert mit der Art des bezogenen Energieträgers. Der Grund hierfür liegt in der Konstruktion des Steuertarifs, der sich auf das Volumen bezieht ohne den Energiegehalt des Energieträgers zu berücksichtigen [1]. Werden dagegen die Anteile der speziellen Gassteuern am Verkaufspreis miteinander verglichen, so ergibt sich beim Ortsgas wegen des höheren Einstandspreises eine geringere relative Belastung, als dies beim Naturgasverbrauch der italienischen Haushalte der Fall ist:

	Einstandspreis [2] pro 10.000 KJ (in KKS)	Anteil der speziellen Gassteuern am Verkaufspreis [3]
Naturgas	0,0350	23,15 %
Ortsgas	0,0755	21,70 %

1) Statistisches Amt der Europäischen Gemeinschaften: Gas Prices 1976 - 1978, a.a.O., S. 34.

2) Vgl. Anhang, Tabelle 2 a und 2 b; jeweils Spalte 1

3) Vgl. Anhang, Tabelle 3, Spalte 3

6.2.2 Belastung des Energieträgers Kohle

Eine dem Energieträger Kohle in allen EG-Staaten zurechenbare Belastung ergibt sich aus der Montanumlage, einer Umlage auf den Produktionswert von Kohle und Stahl [1]. "Bei dieser 'Umlage' handelt es sich zum Teil um eine Äquivalenzsteuer, da aus ihrem Aufkommen bestimmte Gemeinschaftsaufgaben wie Forschungssubventionen für die Eisen- und Stahlindustrie finanziert werden. Zum anderen Teil aber ist diese Umlage eine 'normale' Steuer auf die Güter Kohle und Stahl, die unter anderem auch der Finanzierung der Verwaltungskosten der EGKS dient" [2]. Als Bemessungsgrundlage dieser, für alle EG-Staaten geltenden Montan-"Steuer" dient ein Durchschnittswert der einzelnen Erzeugnisse, welcher von der Kommission aufgrund von statistischen Ermittlungen festgesetzt wird. Die Kommission ist es auch, die die Höhe der Umlage für jedes Jahr festsetzt. Der Umlagesatz beträgt seit dem 1. Januar 1972 0,29 % des Durchschnittswertes aller Erzeugnisse, der auch "umlagepflichtiger Produktionswert" genannt wird [3].

Danach beträgt der Umlagesatz bei

Braunkohlenbriketts und Braunkohlenschwelkoks	0,06081 ERE/Tonne	0,000026 KKS/ 10.000 KJ
Steinkohle aller Sorten	0,10220 ERE/Tonne	0,000058 KKS/ 10.000 KJ

Diese Belastung trifft den Energieträger Kohle in allen Mitgliedstaaten einheitlich. Daher wird durch die Montanumlage die Wettbewerbsfähigkeit dieses Energieträgers im

---

1) Vgl. Art. 49 des Gesetzes betreffend den Vertrag vom 18.4. 1951 über die Gründung der Europäischen Gemeinschaften für Kohle und Stahl vom 29.4.1952, BGBl. II v. 6.5.1952, S. 445.

2) Hansmeyer, K.-H.: Steuern auf spezielle Güter, in: Handbuch der Finanzwissenschaft, a.a.O., S. 729.

3) Statistisches Amt der Europäischen Gemeinschaften: Jahrbuch Eisen und Stahl 1977, Luxemburg 1978, S. 123.

EG-Vergleich nicht beeinträchtigt. Auch im Vergleich zu den anderen Energieträgern ist kaum eine Verschlechterung der Wettbewerbsstellung zu erwarten, da die durch die Montanumlage verursachte Belastung äußerst gering ist. Aus diesen Gründen soll die Montanumlage aus der hier durchzuführenden Belastungsanalyse herausgenommen werden.

Neben dieser europäischen Abgabe wird die Kohle in keinem weiteren Land der Gemeinschaft belastet, abgesehen von einer Steuer auf Luftverschmutzung in den Niederlanden [1], die die als Brennstoff genutzte Kohle mit einem Steuersatz von 0,79 FL je 1.000 kg = 0,000086 KKS je 10.000 KJ belegt.

Zusammenfassend läßt sich somit feststellen, daß der Energieträger Kohle keinen signifikanten Belastungen durch spezielle Sondersteuern unterworfen ist.

6.2.3 Belastung des Energieträgers Elektrizität

Elektrizität wird in nahezu der Hälfte aller EG-Staaten eine spezielle Verbrauchsteuer auferlegt. So existiert in Italien eine allgemeine Landessteuer für Elektrizität (imposta sull energia elettrica), die sich auf die Nettopreise bezieht und sowohl eine regionale als auch eine verbraucherspezifische Differenzierung regressiv zum Verbrauch enthält [2]:

---

1) Kommission der Europäischen Gemeinschaften: Inventar der Steuern ..., a.a.O., S. 617.

2) Unveröffentlichte Mitteilung der Kommission der Europäischen Gemeinschaften, Generaldirektion Energie, Direktion Kohle, vom 31.5.1979.

	Nord- und Mittelitalien	Süditalien und Inseln
Haushalte	1,10 LIT/kWh	0,55 LIT/kWh
Sonstige Verwendung		
a) Beleuchtung	3,90 LIT/kWh	1,90 LIT/kWh
b) alle anderen Verwendungszwecke		
o-6.000 kWh/Monat	0,50 LIT/kWh	0,25 LIT/kWh
6.001 kWh - 200.000 kWh/Monat	0,40 LIT/kWh	0,20 LIT/kWh
200.001 kWh und mehr	0,30	0,15

In der Bundesrepublik Deutschland wird der Nettowert des Strompreises (Arbeitspreis + Grundpreis) nach dem 3. Verstromungsgesetz [1] mit einem durchschnittlichen Abgabesatz von 6,2 % belastet ("Kohlepfennig"). Mit der Erhebung der Abgabe erzielt der Staat Einnahmen, die er zur Förderung des Steinkohleneinsatzes in der Elektrizitätswirtschaft verwendet. Aus der Sicht des Stromverbrauchers ist die Abgabe jedoch eine "Zwangsabgabe ohne Anspruch auf eine spezielle, ihm unmittelbar zugute kommende Gegenleistung" und daher eindeutig als Steuer klassifizierbar [2].

Unter Berücksichtigung regionaler Strompreisdifferenzen gelten für jedes Bundesland unterschiedliche Abgabesätze:

1) Gesetz über die weitere Sicherung des Einsatzes von Gemeinschaftskohle in der Elektrizitätswirtschaft (Drittes Verstromungsgesetz) vom 13.12.74 (BGBl. I, S. 3473).

2) Dickertmann, D.; Voss, A.: Der Kohlepfennig - eine getarnte Steuer, in: Wirtschaftsdienst 1/79, S. 46.

Bundesland	Satz der Ausgleichsabgabe (in %) 1979	1978
Baden-Württemberg	5,5	4,0
Bayern	5,4	3,9
Berlin	4,9	3,5
Bremen	5,6	4,0
Hamburg	6,7	4,8
Hessen	5,6	4,1
Niedersachsen	5,8	4,2
Nordrhein-Westfalen	7,5	5,4
Rheinland-Pfalz	6,3	4,6
Saarland	7,1	5,2
Schleswig-Holstein	4,8	3,5
Durchschnittssatz	6,2	4,5

Quelle: Bundestagsdrucksache 8/2307, S. 1

Eine regional sehr unterschiedliche Belastung des Energieträgers Strom mit speziellen Steuern ergibt sich in Frankreich aufgrund der besonderen Gemeinde- und Departementssteuern auf Elektrizität, die in den industriellen Zentren des Landes auf Niederspannungsbezüge, d.h. auf diejenigen Strombezüge, deren Spannung unter 380 Volt liegt [1], erhoben werden [2]. Bemessungsgrundlage dieser Steuer ist der Strompreis je kWh, d.h. lediglich der Arbeitspreis, wohingegen der Grundpreis unbelastet bleibt.

1) Dies sind überwiegend die Bezüge des Haushaltssektors

2) Unveröffentlichte Mitteilung der Kommission der Europäischen Gemeinschaften, Generaldirektion Energie, Direktion Kohle, vom 31.5.79.

Die Steuersätze haben in den einzelnen Departements/ Gemeinden folgende Höhe:

Gemeinde	Gemeindesteuer %	Departementssteuer %	Insgesamt %
Lille	8	1	9
Paris	13,2	-	13,2
Marseille	8	4	12
Lyon	8	-	8
Toulouse	8	2	10
Strassburg	0	4	4
restliche Depart./ Gemeinden	0	0	0

Dänemark erhebt auf den Nettopreis des Stromverbrauchs (= Arbeitspreis) eine Sondersteuer von 2 Öre/kWh [1]. Der Gesamtbetrag der jährlichen Steuerzahlungen, die pro Verbraucher anfallen, ist jedoch mit 100.000 dkr begrenzt, d.h. Großabnehmer zahlen lediglich diesen Höchstbetrag. Wie in der zusammenfassenden Übersicht 4 dargestellt, existieren in allen anderen Staaten der Gemeinschaft keine speziellen Steuern, die zu einer Belastung des Energieträgers Strom führen. Die Konzessionsabgaben, die die Elektrizitätsversorgungsunternehmen in Belgien, Deutschland, Frankreich, Italien, Luxemburg und in den Niederlanden für die Benutzung öffentlichen Eigentums durch elektrische Leitungen zu zahlen haben [2], sind, wie die Diskussion des Förderzinses bereits zeigte, nicht als Steuer zu betrachten und daher auch nicht in die Belastungsanalyse einzubeziehen.

Die Berechnung der Belastung je Wärmeäquivalent kann in denjenigen Ländern, in denen der Steuertarif auf dem Strom-

1) Unveröffentlichte Mitteilung der Kommission der Europäischen Gemeinschaften, Generaldirektion Energie, Direktion Kohle, vom 31.5.79.

2) Unveröffentlichtes Manuskript der UNIPEDE-Erhebung, S. 6

preis basiert, nur eine Aussage über ein Belastungsintervall liefern, da diese Strompreise lediglich für den Höchst- und Mindestverbrauch von Haushalten bzw. Industrie vorliegen. Um jedoch eine einheitliche Analyse der Belastungswerte des Energieträgers Elektrizität zu ermöglichen, wird eine Darstellung gewählt, die für alle Gemeinschaftsländer derartige Intervalle ausweist.
Während die Berechnung der Elektrizitätsbelastung in Dänemark ohne besondere Schwierigkeiten durchzuführen ist, sind hingegen in Frankreich, Deutschland und Italien regionale Differenzierungen des Abgabesatzes zu berücksichtigen. Für Deutschland ergeben sich wenig Berechnungs-Probleme, da für den regional differenzierten Ausgleichsabgabesatz auch ein für die gesamte Bundesrepublik geltender Durchschnittssatz ausgewiesen wird [1]. Demgegenüber muß ein derartiger Mittelwert für Italien und Frankreich erst bestimmt werden. In Italien soll als Gewichtungskriterium für die unterschiedlichen Tarife des Haushaltsverbrauchs in Nord-, Mittel- und Süditalien die Bevölkerungsverteilung dienen. Berücksichtigt man weiterhin, daß der durchschnittliche Anteil der Beleuchtung am Gesamtelektrizitätsverbrauch maximal 10 % beträgt [2], läßt sich der mittlere Abgabesatz mit Hilfe folgender Formel bestimmen:

$$\varnothing \text{ Steuersatz} = [(1{,}10 \quad 0{,}65) + (0{,}55 \quad 0{,}35)] \; 0{,}9 + [(3{,}90 \quad 0{,}65) + (1{,}90 \quad 0{,}35)] \; 0{,}1 = 1{,}1367 \text{ LIT/kWh}$$

Als Hinweis auf den hohen Genauigkeitsgrad dieser Berechnungsmethode ist die geringe Abweichung des auf diese Art und Weise bestimmten Preises inclusive Steuern (niedrigster Haushaltsverbrauch) vom durchschnittlichen kWh - Preis für

---

1) Vgl. BuTaDruSache 8/2307, S. 1

2) Statistisches Amt der Europäischen Gemeinschaften: Nutzenergiebilanzen, a.a.O., S. 42.

Niederspannungsstrom [1] anzusehen, die unter 5 % liegt. Bei der Berechnung des durchschnittlichen Steuertarifs für die Industrie wird unterstellt, daß sich die Hauptindustrietätigkeit in Nord- und Mittelitalien konzentriert (ca. 75 %), während weniger als 25 % auf Süditalien und die Inseln entfallen. Unter Einbeziehung der Verbraucherstruktur ist demnach dem Industriepreis für den niedrigen Stromverbrauch ein Steuertarif von 0,4375 LIT/kWh, demjenigen für den höchsten Stromverbrauch ein Tarif von 0,2625 LIT/kWh zuzuordnen.

In Frankreich hingegen, das eine ähnlich differenzierte Elektrizitätsbesteuerung hat, ist eine gewichtete Mittelwertberechnung des Abgabesatzes nicht möglich, da die hierzu notwendigen Informationen nicht zu erhalten waren. Deshalb kann aus den regionalen Abgabesätzen lediglich ein ungewichteter arithmetischer Mittelwert gebildet werden, der naturgemäß die typischen Verbrauchsstrukturen vernachlässigt. An einem Beispiel, das die Belastung beim höchsten und beim niedrigsten Abgabesatz beinhaltet, soll die große Streuung dieses Mittelwerts verdeutlicht werden:

mittlerer Preis der niedrigsten Verbrauchergruppe im Haushalt	0,4463 ff
Belastung aufgrund des Mittelwerts 9,3667 %	0,0418 ff
Belastung bei einem Abgabesatz von 13,2 % (Paris)	0,0589 ff
Belastung bei einem Abgabesatz von 4 % (Strassburg)	0,0178 ff

---

1) Statistisches Amt der Europäischen Gemeinschaften: Elektrizität-Monatsbulletin; 2 - 1979, Annex 2: Average Income per kWh, S. 2.

Da jedoch keine besseren Methoden durchführbar sind, muß in dieser Belastungsanalyse auf den oben beschriebenen ungewichteten Mittelwert zurückgegriffen werden.

Insgesamt führen die hier dargestellten steuerlichen Regelungen zu einer auf das Wärmeäquivalent (10.000 KJ) bezogenen Belastung der Elektrizität, die in ihren absoluten Beträgen sehr stark voneinander abweicht (vgl. Übersicht 16).

Während in 5 der 9 Gemeinschaftsländer Elektrizität keiner speziellen Steuer unterworfen wird, zeigen die vorliegenden Ergebnisse für die verbleibenden Staaten indessen recht eindeutig, daß die absolute Steuerbelastung des Stromverbrauchs im Haushaltsbereich auf einem wesentlich höheren Niveau liegt als dies im Industriebereich der Fall ist [1]. Da sich Haushalts- und Industrieabnehmer jedoch hauptsächlich durch ihre Verbrauchsmenge unterscheiden, bedeutet eine derartige Aussage, daß die steuerliche Belastung der Elektrizität, resultierend aus speziellen Steuern, in Abhängigkeit vom Verbrauch sinkt (vgl. Abb. 2), oder anders ausgedrückt, daß von der speziellen Steuer auf den Elektrizitätsverbrauch keine verbrauchshemmenden sondern, im Gegenteil verbrauchssteigernde Anreize etwa in der Art eines Mengenrabatts, ausgehen.
Dies trifft letztlich auch für Dänemark zu, wo der Tarif zwar unabhängig vom Verbrauch festgelegt wurde, die Höhe der Zahlungen eines jeden Steuerpflichtigen jedoch mit 100.000 dkr begrenzt ist, was bei Überschreiten dieser Grenze ebenfalls zu einer Verringerung der Belastung je kWh führt.

---

1) mit Ausnahme von Dänemark

Übersicht 16: Steuerliche Belastung der Elektrizität (in KKJ/10.000 KJ)

	Steuernorm	Belastung des (je 10.000 KJ in KKS) Haushaltsverbrauchs niedrigster Verbrauch	Haushaltsverbrauchs höchster Verbrauch	Industrieverbrauchs niedrigster Verbrauch	Industrieverbrauchs höchster Verbrauch
Belgien	-	-	-	-	-
Deutschland	Durchschnittlich 6,2 % auf Arbeitspreis + Grundpreis bei regionaler Differenzierung	0,0118	0,0032	0,0107	0,0049
Dänemark	2 Öre/kWh; jedoch höchstens 100.000 dkr. pro Jahr und Verbraucher	0,0063	0,0063	0,0063	0,0063
Frankreich	Lille 9 % auf den Arbeitspreis Paris 13,2 % " " " Marseille 12 % " " " Lyon 8 % " " " Toulouse 10 % " " " Strassburg 4 % " " "	0,0195	0,0079	-	-
Großbritannien	-	-	-	-	-
Irland	-	-	-	-	-
Italien a) Nord- und Mittelitalien	Haushalte 1,10 LIT/kWh sonstige Verwendung - Beleuchtung 3,90 LIT/kWh - alle anderen Verwendungen bis 6.000 kWh/Monat 0,50 LIT/kWh 6.001 - 200.000 kWh/Monat 0,40 LIT/kWh über 200.000 kWh/Monat 0,30 LIT/kWh	0,0038	0,0038	0,0010	0,0008
b) Süditalien	bei gleicher Differenzierung 50 % der obigen Steuersätze				
Luxemburg	-	-	-	-	-
Niederlande	-	-	-	-	-

Quelle: eigene Berechnungen; vgl. Anhang, Tabelle 4

Abb. 2: Spezifische Belastung der Elektrizität in Abhängigkeit vom Verbrauch

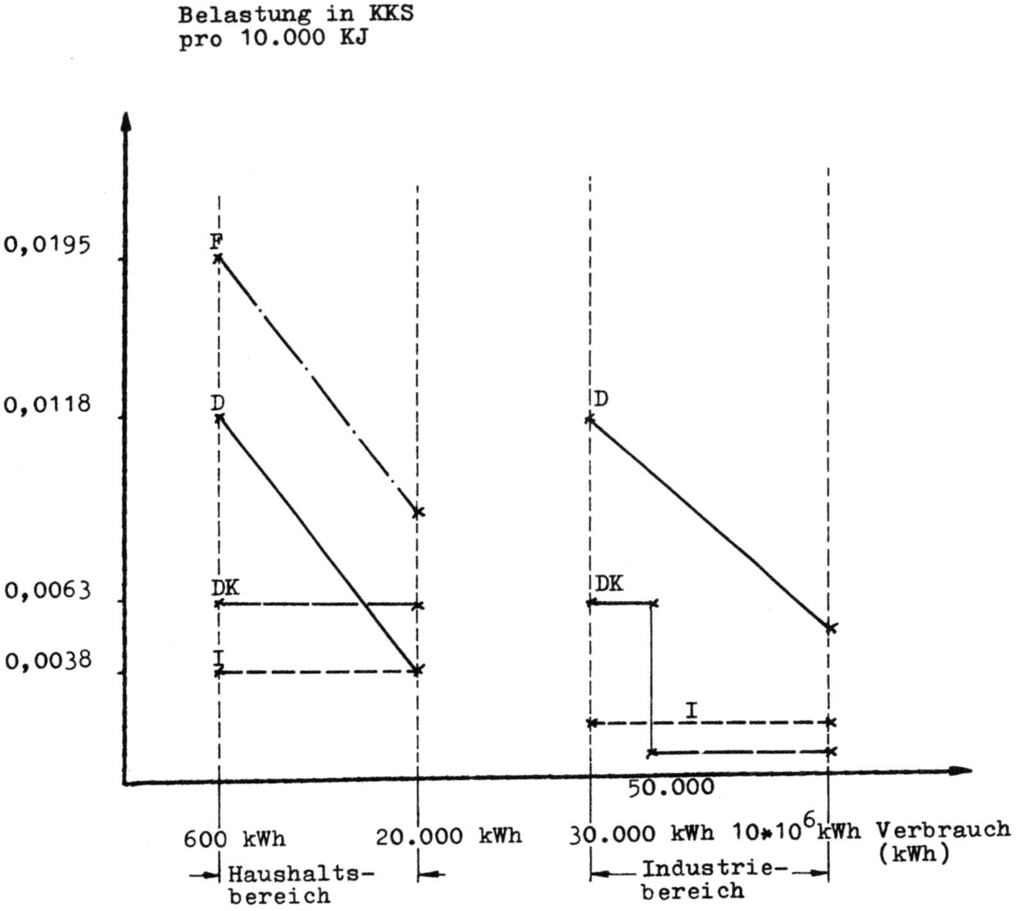

Eine Analyse der relativen Belastung des Elektrizitätsverbrauchs, gemessen am Abgabepreis, kommt indessen genau zum entgegengesetzten Ergebnis 1). Die relative Betrachtung darf aber nicht überbewertet werden, da sie auf den Strom-

1) Vgl. Anhang, Tabelle 5

Preisen aufbaut und somit die bereits in den Preisen enthaltene Begünstigung des Strommehrverbrauchs auch hier sehr deutlich durchschlägt [1]. Ein in absoluten Größen konstanter Tarif muß bei sinkendem Preis in einer relativen Belastungsanalyse dann zwangsläufig eine Steigerung der Belastung zum Ergebnis haben. Daher ist der Vergleich und die Untersuchung relativer Zahlen in diesem Fall wenig geeignet, die Belastung des Elektrizitätsverbrauchs und die u.U. angestrebte Wirkung zu erklären.

Die in ihrer absoluten Höhe unterschiedlichen, in ihrer Gesamtheit dagegen recht eindeutigen Belastungsverläufe widersprechen darüber hinaus dem energiepolitischen Ziel, eine sparsamere Nutzung der vorhandenen Energie anzustreben. Eine solche, auf die Energiepolitik abzielende Begründung liegt bei den speziellen Elektrizitätssteuern nur in Dänemark vor [2], wohingegen in Frankreich und Italien fiskalische Ziele zu vermuten sind. In Deutschland wird die steuerliche Belastung der Elektrizität neuerdings auch energiepolitisch begründet. Das Hauptziel der Steuer ist jedoch nicht die rationellere Verwendung von Energie, sondern die Zurückdrängung des Ölanteils an der Stromerzeugung und damit die langfristige Sicherung der Energieversorgung [3]. Dies beweist, daß selbst bei den Begründungen für die Erhebung der Elektrizitätssteuern große Abweichungen vorliegen, von einer in ihrer Höhe und Zielrichtung etwa gleichgerichteten Elektrizitätsbesteuerung aufgrund spezieller Steuern also nicht die Rede sein kann.

---

1) Vgl. Anhang, Tabelle 4, Spalte 1

2) Institut für Finanzwissenschaft und Steuerrecht (Hrsg): Steuer-Auslandsdienst Nr. 39, Wien 1977, S. 3

3) Vgl. Gesetz über die weitere Sicherung des Einsatzes von Gemeinschaftskohle in der Elektrizitätswirtschaft (Drittes Verstromungsgesetz) vom 13.12.1974, (BGBl. I. S. 3473). Zum Wandel der Begründung der Ausgleichsabgabe vgl.: Hansmeyer, K.-H.: Finanzwissenschaftliche Aspekte der Energiebesteuerung, a.a.O., S. 415

6.2.4 Belastung der Mineralölprodukte

Mineralöl und die hieraus abgeleiteten Produkte sind in allen EG-Staaten mit mindestens einer speziellen Steuer, teilweise sogar mit mehreren Abgaben belastet.

Wegen dieser Vielfalt der steuerlichen Einzelregelungen, aber auch wegen der Komplexität der hier angesprochenen Steuergesetze soll zunächst eine schematisierte, nur die wesentlichen Sachverhalte berücksichtigende Darstellung der Einzelnormen vorgenommen werden.

a) Belgien und Luxemburg

Die Verbrauchsteuern auf Mineralöl und Benzol sind im Rahmen der belgisch-luxemburgischen Wirtschaftsunion (UEBL) in ihrer Systematik harmonisiert worden, die Steuersätze hingegen sind noch unterschiedlich [1].

MINERALÖLSTEUER (Accise sur les hulles minérales/
Accijns op minerale olien)

S t e u e r g e g e n s t a n d

Mineralöle aus der Verarbeitung von Erdöl, Braunkohle, Torf, Schiefer und ähnlichen Erzeugnissen

B e f r e i u n g e n

Eine Befreiung von der Verbrauchsteuer wird in allen Fällen gewährt, in denen diese Befreiung in der Tabelle über die Steuersätze vorgesehen ist.

1) Vgl.: Kommission der Europäischen Gemeinschaften: Inventar der Steuern ..., a.a.O., S. 545 und S. 50 und Unveröffentlichte Mitteilung der Kommission der Europäischen Gemeinschaften, Generaldirektion Finanzinstitutionen und Steuerfragen

S t e u e r s ä t z e

	Luxemburg	Belgien
1. Erdöle, roh:		
11. Zur Verwendung in einem Mineralölherstellungsbetrieb	befreit	entfällt
12. Zur Verwendung als Rohstoff in der Industrie	befreit	entfällt
13. Zu anderen Verwendungszwecken	10 BF/100 kg	10 BF/100 kg
2. Andere:		
21. Leichtöle:		
211. Zur industriellen Verwendung	befreit	befreit
212. Zu anderen Verwendungszwecken:		
2121. Spezialbenzine:		
21211. Testbenzin (white spirit)	565 BF/hl bei 15°C	760 BF/hl bei 15°C
21212. Andere	565 BF/hl bei 15°C	760 BF/hl bei 15°C
2122. Andere	565 BF/hl bei 15°C	760 BF/hl bei 15°C
22. Mittelschwere Öle:		
221. Zur industriellen Verwendung	befreit	befreit
222. Zu anderen Verwendungszwecken:		
2221. Leuchtöl	45 BF/hl bei 15°C	45 BF/hl bei 15°C
2222. Andere	45 BF/hl bei 15°C	45 BF/hl bei 15°C

	Luxemburg	Belgien
23. Schweröle:		
231. Heizöle:		
2311. Schweres Gasöl [1]:		
23111. Zur Verwendung als Rohstoff in der Industrie	befreit	befreit
23112. Zu anderen Verwendungszwecken	25 BF/hl bei 15°C [2]	45 BF/hl bei 15°C
2312. Andere Gasöle:		
23121. Zur Verwendung als Rohstoff in der Industrie	befreit	befreit
23122. Zur Verwendung als Kraftstoff für Motoren von landwirtschaftlichen Maschinen und landwirtschaftlichen oder forstwirtschaftlichen Zugmaschinen	38 BF/hl bei 15°C	45 BF/hl bei 15°C
23123. Zur Verwendung als Kraftstoffe von Motoren anderer im Straßenverkehr zugelassener Maschinen als die unter Nr. 23122 genannten	145 BF/hl bei 15°C	280 BF/hl bei 15°C
23124. Zu allen anderen Verwendungszwecken	38 BF/hl bei 15°C	45 BF/hl bei 15°C

1) Erzeugnisse, die mehr als 5% schweres Gasöl enthalten, unterliegen im Großherzogtum Luxemburg einer autonomen Sondersteuer von 0,10 LF/hl.

2) Im Großherzogtum Luxemburg wird eine besondere autonome Verbrauchsteuer von 10 LF/hl bei 15°C auf schweres Gasöl erhoben, das "zu anderen Verwendungszwecken" (Nr. 23112) bestimmt ist.

	Luxemburg	Belgien
2313. Heizöle:		
23131. Verwendung als Rohstoff in der Industrie	befreit	befreit
231321. Mittlere	25 BF/hl bei 15°C 1)	40 BF/hl bei 15°C
231322. Andere	1o BF/100 kg	10 BF/100 kg
232. Schmieröl:		
2321. Zur Verwendung als Rohstoff in der Industrie	befreit	befreit
2322. Zu anderen Verwendungszwecken	10 BF/100 kg	10 BF/100 kg
233. Flüssige Rückstände bei 50°C:		
2331. Zur Verwendung als Rohstoff in der Industrie	befreit	befreit
2332. Zu anderen Verwendungszwecken	10 BF/100 kg	10 BF/100 kg
234. Andere:		
2341. Zur Verwendung als Heizöl	10 BF/100 kg	10 BF/100 kg
2342. Andere	befreit	befreit

1) Mittelschweres Heizöl zur Verwendung als Heizöl (Nr. 231 321) unterliegt im Großherzogtum Luxemburg ebenfalls einer besonderen Verbrauchsteuer von 10 LF/hl bei 15oC.

STEUER AUF BENZOL UND GLEICHARTIGE ERZEUGNISSE (Accise sur le benzol et les produits analogues / Accijns op benzol en gelijksoortige produkten)

S t e u e r g e g e n s t a n d:

Öle und aromatische, isolierte Kohlenwasserstoffe aus der Behandlung von Steinkohle oder ihren Derivaten, wie Leichtöl, Benzole, Toluole, Xylole, Naphtalösungen, Benzen, Toluen, Xylen sowie Gemische von zwei oder mehreren der vorgenannten Erzeugnisse, bei deren Destillation bis 200°C mindestens 90 Raumhundertteile übergehen.

B e f r e i u n g e n:

Vollständige Entlastung von der Verbrauchsteuer und der besonderen Verbrauchsteuer wird gewährt, wenn das Benzol für andere Verwendungszwecke als Kraftstoff für Motoren bestimmt ist.

Steuersätze:

Luxemburg	Belgien
565 ₤F/hl bei 15°C	760 BF/hl bei 15°C

b) Dänemark

BENZINSTEUER (Benzinafgift)

S t e u e r g e g e n s t a n d:

Benzin und jede Mischung von Benzin mit anderen Erzeugnissen, wenn die Mischung als Treibstoff für Motorfahrzeuge verwendet wird.

B e f r e i u n g e n:

Von der Steuer befreit sind unter anderem Benzin für Ackerschlepper, ortsfeste Motoren, Luftfahrzeuge und Fischereifahrzeuge.

Steuersatz:

132 Öre je Liter des Erzeugnisses bei 15° C.

Dieselkraftstoff, Heizöl - leicht; schwer [1]

Dieselkraftstoff	7 Öre/l
Heizöl L	7 Öre/l
Heizöl S	8 Öre/kg

Sonderverbrauchsteuer für

Dieselkraftstoff	2,49 Öre/l
Heizöl L	2,49 Öre/l
Heizöl S	2,50 Öre/kg

c) Bundesrepublik Deutschland

MINERALÖLSTEUER

S t e u e r g e g e n s t a n d:

Der Mineralölsteuer unterliegen alle Erdölerzeugnisse und ähnliche Erzeugnisse.

S t e u e r b e f r e i u n g:

Wird Mineralöl zu anderen Zwecken als zum Motorenantrieb, zum Schmieren oder Verheizen verwendet, kann es unter Steueraufsicht unversteuert verwendet werden. Es kann außerdem unversteuert ausgeführt oder zu einem besonderen Zollverkehr abgefertigt werden.

S t e u e r s ä t z e:

- Leichtöle und mittelschwere Öle	44,-- DM/hl
- Schweröle (Gasöle, Schmieröle) und Reinigungsextrakte	49,65 DM/100 kg
- Flüssiggase Waren der Nummern 27.12, 27.13-B, 27.14 und 27.16-Bd des Zolltarifs	1,50 DM/100 kg

1) Mitteilung der Königlich Dänischen Botschaft, Bonn, vom 12. Oktober 1979

- Heizöl	
Gasöl	2,-- DM/100 kg
andere Schweröle	1,50 DM/100 kg

Der Steuer unterliegt auch der Mineralölanteil in Zubereitungen der Nummer 27.10, in Schmiermitteln der Nummer 34.03, in Graphitdispersionen der Nummer 38.19 und in Additives der Nummern 38.14-B-I-a und B-III des Zolltarifs.

d) Frankreich

MINERALÖLSTEUER (Taxe Intérieure de consommation frappant les produits pétroliers et assimiliés) 1).

S t e u e r p f l i c h t i g e E r z e u g n i s s e u n d S t e u e r s ä t z e:

Nr.des Zoll-tarifs	Warenbezeichnung	Steuersätze	
27.09	Rohes Erdöl und rohes Öl aus bituminösen Mineralien	Die Steuer ist je nach den Merkmalen des Erzeugnisses auf andere Mineralöle als Rohöle der Tarifnummer 27.10 anwendbar	
27.10	Erdöl und Öl aus bituminösen Mineralien, ausgenommen Rohöle (1)		
	A. Leichtöle (2)		
	a) Spezialbenzine		
	1. Testbenzin		
	- Treibstoff	64,52 FF/hl	(3)
	- andere Verwendungen	Befreiung	
	2. Andere		
	- Treibstoff	64,52 FF/hl	(3)
	- zu anderen Verwendungszwecken	Befreiung	
	b) Benzine		
	- Flugbenzin	FF/hl	(3)
	- Superbenzin	68,22 FF/hl	
	- andere	64,52 FF/hl	(3)
	- leichte Fraktionen für bestimmte Verwendungszwecke	Befreiung	

(1) Die Steuer wird auf die gesamten, zur Verwendung als Treibstoffe bestimmten Erzeugnisse einschließlich der Zusätze erhoben. Bei Schmiermittelzubereitungen wird die Steuer auf die bei der Analyse nachweisbare Menge von Erdölerzeugnissen erhoben.

(2) Die als Düsentreibstoff verwendeten Erzeugnisse unterliegen mit ihrem gesamten Volumen einer Steuer zum Satz von 4,57 FF ke hl.

(3) Sätze auf Grund der Bestimmungen von Artikel 75 des "Loi des Finances" für 1973 (No 73-1150 vom 27.12.1973).

1) Da die aktuellen Steuersätze lediglich für die wichtigsten Mineralölprodukte zu ermitteln waren, mußte in der Gesamtübersicht der Steuersätze auf Werte zurückgegriffen werden, die am 1.4.74 Gültigkeit hatten. Die Darstellung dieser Übersicht er

Nr. des Zoll-tarifs	Warenbezeichnung	Steuersätze
	B. Mittelschwere Öle (1)	
	a) Leuchtöl	33,20 FF/hl
	b) andere mittelschwere Öle	33,20 FF/hl
27.10	C. Schweröle	
	I. Gasöl (1)	
	a) für bestimmte Verwendungszwecke (sogenanntes Hausbrandheizöl Nr. 1)	1,83 FF/hl
	b) nicht näher bezeichnet	
	- mit einem Flammpunkt von weniger als 120 °C	37,90 FF/hl
	- andere	27,00 FF/100 KN
	II. Heizöle	
	a) Hausbrandöl Nr. 2	
	- für bestimmte Verwendungszwecke	1,83 FF/hl
	- andere	
	- mit einem Flammpunkt von weniger als 120 °C	37,90 FF/hl
	- andere	27,00 FF/100 KN
	b) Leichte Heizöle	
	- für bestimmte Verwendungszwecke	Befreiung
	- andere	27,00 FF/100 KN
	c) Schwere Heizöle	
	- für bestimmte Verwendungszwecke	Befreiung
	- andere	27,00 FF/100 KN
	III. Schmieröle und andere	
	- weiße, sogenannte Vaselin- oder Paraffinöle	27,00 FF/100 KN
	- Spindelöle	27,00 FF/100 KN
	- andere	27,00 FF/100 KN

(1) Die als Düsentreibstoff verwendeten Erzeugnisse unterliegen mit ihrem gesamten Volumen der Steuer zum Satz von 4,57 FF/hl.

Nr. des Zoll-tarifs	Warenbezeichnung	Steuersätze
27.11	Erdgas und andere gasförmige Kohlenwasserstoffe:	
	1. Handelsübliches Propan und Butan	Befreiung
	2. Andere	
	- zur Verwendung als Treibstoff für Kraftfahrzeuge	FF/1000 m^3
	- andere	Befreiung
27.12	Vaseline	Befreiung
Ex 27.13 B	Paraffin, Erdölwachs, Wachs aus bituminösen Mineralien, paraffinische Rückstände	Befreiung
27.14	A-Bitumen	Befreiung
	B-Petrolkoks	Befreiung
	C-andere Rückstände aus Erdöl oder Öl aus bituminösen Mineralien	Befreiung
Ex 27.16 B	Flüssigbitumen, Bitumenemulsion und dergleichen	Befreiung
34.03	Zubereitete Schmiermittel mit einem Gehalt an Erdöl oder Öl aus bituminösen Mineralien von weniger als 70 % (1)	27,00 FF/100 KN
Ex 34.04	Zubereitete Wachse, nicht emulgiert und ohne Lösungsmittel auf der Grundlage der Erzeugnisse der Tarifnummer 27.13 B	Befreiung
34.14 B I a	Zusätze für Schmietmittel aus Erdöl oder Öl aus bituminösen Mineralien	27,00 FF/100 KN

(1) Die Steuer wird auf die gesamten zur Verwendung als Treibstoffe bestimmten Erzeugnisse einschließlich der Zusätze erhoben. Bei Schmiermittelzubereitungen wird die inländische Steuer auf die bei der Analyse nachweisbare Menge an Mineralöl erhoben.

Steuersätze für die wichtigsten Mineralölprodukte am 1.7.1978 [1]:

Normalbenzin	122,58 FF/hl
Superbenzin	130,43 FF/hl
Dieselkraftstoff	66,22 FF/hl
Heizöl - leicht	10,16 FF/hl
Heizöl - schwer	befreit

Neben der Mineralölsteuer wird der

BEITRAG ZUR STÜTZUNG DES KOHLENWASSERSTOFFSTÜTZUNGSFONDS (Redevance percue au profit du fonds de soutien aux hydrocarbures)

erhoben.

A n w e n d u n g s b e r e i c h:

Der Kohlenwasserstoff-Stützungsfonds wird aus den Beiträgen gespeist, die auf bestimmte Erdölerzeugnisse (Treibstoffe oder Brennstoffe) erhoben werden. Diese Beiträge sind den Verbrauchsabgaben gleichgestellt; sie werden bei der Überprüfung der dieser Abgabe unterliegenden Mineralölerzeugnisse in den freien Verkehr, und zwar sowohl bei der Einfuhr als auch bei Entnahme aus den Lagerstätten erhoben, die einem Zollverfahren unterliegen, das die Nichtanwendung der Zölle vorsieht.

---

1) Mitteilung des Finanzattachés der Französischen Botschaft in der Bundesrepublik Deutschland vom 1.10.1979.

Tarifnummer	Warenbezeichnung	angewendete Sätze
Ex 27.10. A	Benzine (1) (2)	
	- Flugbenzin	1,00 FF/hl
	- Supertreibstoff	1,00 FF/hl
	- andere Benzine	1,00 FF/hl
Ex 27.10 CI	leichtes Heizöl, für bestimmte Verwendungszwecke (1)	1,00 FF/100 KN

(1) Der Beitrag wird auf das gesamte Erzeugnis, einschließlich der Zusätze erhoben.

(2) Für Düsentreibstoffe, die mit einem ermäßigten Steuersatz der Verbrauchsabgabe unterliegen, ist dieser Beitrag nicht zu entrichten.

Die Mineralölprodukte Superbenzin und Normalbenzin unterliegen außerdem einer Stempelsteuer (Droit de timbre [1]). Bemessungsgrundlage für diese Steuer ist der Mineralölsteuersatz, mit dem Normal- und Superbenzin belastet werden. Der Steuersatz beträgt 2 %.

Eine diese Mineralölprodukte zusätzlich belastende Ölabgabe wurde zum 1.1.1976 von 3,9 auf 3 FF/hl gesenkt [2]. Zahlungspflichtige sind bei dieser Sonderabgabe die Hersteller der Mineralölprodukte.

Schweres Heizöl wird seit Oktober 1975 mit einer "parafiskalischen Abgabe" belastet [3]. Danach ist pro Tonne schweres Heizöl innerhalb gewisser Freigrenzen eine Abgabe von 150 FF zu zahlen. Aus dem Aufkommen dieser Abgabe werden Unternehmen subventioniert, die Investitionen zur Energieeinsparung vornehmen.

---

1) Mitteilung des Finanzattachés der Französischen Botschaft vom 1.10.79.

2) Regul/Megow: Steuern und Zölle im Gemeinsamen Markt; Die Mineralölsteuer in den Ländern der EG, 38. Lieferung, Juni 1975, S. 48.

3) Blick durch die Wirtschaft, Frankfurt, 3.10.1975.

Zur Berechnung der Abgabe wird der Ölverbrauch der Vorjahre herangezogen. Im Durchschnitt wird die Abgabe bei einem Ölverbrauch von 85 Prozent der 1974 verbrauchten Menge zum Tragen kommen, wobei 110 Prozent des Verbrauchs von 1974 in jedem Fall die Obergrenze für eine Abgabeschuld sind. Ausgenommen von der Abgabe sind Unternehmen, die weniger als 1.000 Tonnen schweres Heizöl im Jahr verbrauchen. Für den Fall, daß sich die Abgabenpflichtigen zu einer zeitlich festgelegten Realisierung von energiesparenden Maßnahmen verpflichten, kann die Abgabe ganz oder teilweise bis zu einem Zeitraum von fünf Jahren ausgesetzt werden.

Da weitergehende Informationen nicht möglich waren, diese Abgabe jedoch sowohl in den Mitteilungen der Französischen Botschaft als auch in denen der Kommission der Europäischen Gemeinschaften, Generaldirektion Finanzinstitutionen und Steuerfragen, nicht erwähnt wurde, ist eine Prüfung des Steuercharakters dieser Abgabe und damit ihre eindeutige Zuordnung zur Gesamtheit der hier zu berücksichtigenden Steuern nicht durchführbar. Diese Abgabe soll daher nicht in die Belastungsrechnung einbezogen werden.

e) Großbritannien

MINERALÖLSTEUER (Customs and excise duty on hydrocarbon oil)

Steuergegenstand:

Eingeführte und inländische Erdöle, Steinkohlenteer, Öle aus Kohle, Schiefer und Torf sowie die meisten anderen bituminösen und flüssigen Kohlenwasserstoffe. Steuerpflichtige sind auch Mineralölsubstitute sowie Gas, das zum Antrieb von Straßenkraftfahrzeugen verwendet wird.

Befreiungen und Ermäßigungen:

Leicht- und Schweröle zur Verwendung in Rettungsbooten und Fischereifahrzeugen, als Heizstoff in Raffinerien, als Rohstoff für die Herstellung von Gas oder bei der chemischen Synthese, oder als Bestandteil, Lösungsmittel usw. bei industriellen Verfahren sind von der Steuer befreit. Schweröle, die in Gartenbaubetrieben zur Beheizung von Treibhäusern verwendet werden, sind ebenso wie Schmieröle zur Verwendung in der Küstenschifffahrt (ausgenommen Vergnügungsyachten) von der Steuer befreit. Leichtöl zur Verwendung in zugelassenen Öfen wird nur zu dem Satz für Schweröl besteuert, das nicht zur Verwendung in Straßenfahrzeugen bestimmt ist.

Steuersätze: (1)	per Gallone
Leichtöle (vorwiegend zur Verwendung als Kraftstoff für Kraftfahrzeuge und Flugzeuge) und Benzinsubstitute (2)	30 p
Schweröl zur Verwendung als Kraftstoff in Kraftfahrzeugen (hauptsächlich Dieselöl) (2)	35 p

(1) Für die in raffiniertem Zustand eingeführten Mineralöle und für Mineralöle, die im Vereinigten Königreich aus eingeführten Ölen und anderen Stoffen hergestellt werden, gelten die gleichen Steuersätze.

(2) Die Unterscheidung zwischen leichten und schweren Ölen bestimmt sich nach den physikalischen Eigenschaften.

	per Gallone
Heizöl, Gasöl, Kerosin und andere schwere Öle (z.B. Schmieröle), nicht zur Verwendung als Kraftstoff in Straßenfahrzeugen	2,5 p
Gas zur Verwendung als Kraftstoff für Straßenfahrzeuge	11,25 p

f) Irland

MINERALÖLSTEUER (Customs and excise duty on mineral hydrocarbon light oil and duty on other sorts-oil)

S t e u e r g e g e n s t a n d:

In Irland raffinierte oder nach Irland importierte Mineralöle.

B e f r e i u n g e n:

Fast das gesamte Steueraufkommen stammt aus den Steuern auf Benzin und Dieselöl, das zum Antrieb von Kraftfahrzeugen im Straßenverkehr verwendet wird. Öle wie Rohbenzin (Naphta) und Benzol werden für gewerbliche Zwecke steuerfrei geliefert. Die geltenden Bestimmungen sehen einen ermäßigten Steuersatz vor, wenn z.B. Dieselöl nicht als Kraftstoff für Kraftfahrzeuge des Straßenverkehrs, sondern zu anderen Zwecken benutzt wird.

Eine teilweise Erstattung der Steuer wird für Öl gewährt, das zur gewerblichen Personenbeförderung im Straßenverkehr verwendet wird.

S t e u e r s ä t z e:

- Leichtöle	£ 0,4341/Gallone
- andere Öle	
. Dieselkraftstoff	£ 0,1773/Gallone
. Heizöl (leicht)	£ 0,0200/Gallone
. Heizöl (schwer)	£ 0,200/Gallone

(1) Rohöl darf von Raffinerien steuerfrei bezogen werden.

g) Italien

MINERALÖLFABRIKATIONSTEUER (Imposta di fabbricazione sugli olil minerali)

S t e u e r g e g e n s t a n d:

Der Mineralölsteuer unterliegen alle nach Italien importierten sowie inländischen natürlichen Erdöle, Erdölerzeugnisse und ähnliche Erzeugnisse.

B e f r e i u n g e n:

Von der Steuer befreit sind Erdölerzeugnisse für die speziellen Verwendungszwecke der Tabelle A in der Anlage zum Gesetzdekret Nr. 989 vom 23.10.1964, umgewandelt in Gesetz Nr. 1350 vom 18.12.1964 mit späteren Änderungen.

N o r m a l e   S t e u e r s ä t z e [1]:

	LIT pro 100 kg
1. Natürliche Rohöle	6 000
2. Leichtöle und Zubereitungen daraus:	
- white spirit (acqua regia minerale)	8 400
- Spezialbenzin ausgenommen white spirit	18 225
- Benzin	18 225
3. Mittelschwere Öle und Zubereitungen daraus:	
- Leuchtpetroleum	6 000
- Petroleum, ausgenommen Leuchtpetroleum	18 225
4. Schweröle und Zubereitungen daraus:	
- Gasöle (gasoil)	12 400
- Spezialheizöle	5 400
- Heizöle	3 800
- weiße Schmieröle	15 700
- sonstige Schmieröle	12 400

1) Die hier dargestellten Steuersätze waren am 1.4.1974 gültig; sie sollen, da Angaben über die aktuellen Steuersätze aller Einzelpositionen nicht verfügbar sind, lediglich einen Überblick über den Aufbau des Mineralölgesetzes geben.

	LIT pro 100 kg
5. Rohvaselin	2 500
6. Vaselin, ausgenommen Rohvaselin	5 680
7. Erdwachs, roh (Ozokerit, roh)	180
8. Erdwachs raffiniert (Kerosin), ausgenommen Erdwachs, das aus bereits versteuertem Ozokerit hergestellt worden ist	680
9. Paraffin, Erdölwachs oder Schieferölwachs, Paraffinrückstände (roh oder andere)	680
10. Aromatische Auszüge und Erzeugnisse ähnlicher Zusammensetzung	12 400

E r m ä ß i g t e   S t e u e r s ä t z e:

Zum ermäßigten Steuersatz sind unter Beachtung der obigen Bemerkungen Erdölerzeugnisse zugelassen, die zu den in Tabelle B der Anlage zum Gesetz Nr. 32 vom 19.3.1973 genannten Zwecken verwendet werden. Von diesen steuerbegünstigten Verwendungen folgende Beispiele:

	LIT pro 100 kg
1. Leuchtpetroleum für Haushaltsbeleuchtung und -heizung	350
2. Gasöle:	
- zur unmittelbaren Verwendung als Kraftfahrzeugtreibstoff	5 976
- zur unmittelbaren Verwendung als Brennstoff zur Beheizung von Räumen, für die Warmwasserbereitung der Haushalte, für Küche und Bäder sowie für Backöfen und Öfen in Handwerksbetrieben	350
3. andere als Spezialheizöle:	
- zur unmittelbaren Verwendung als Heizöl in Kesseln und Öfen:	
- dicht, mit Höchstschwefelgehalt von 1 %	5
- dicht	80
- halbflüssig	135
- flüssig	350
- sehr flüssig	440

Da die aktuellen Steuersätze der im italienischen Mineralölsteuergesetz enthaltenen Untergruppen nicht vollständig zu ermitteln waren, sollen in einer Übersicht lediglich die am 1.7.1978 geltenden Steuersätze für Motorenbenzin (Normal und Super), Dieselkraftstoff und Heizöl (leicht und schwer) wiedergegeben werden:

Motorenbenzin (Normal und Super)	41.212 LIT/100 kg
Dieselkraftstoff	3.000 LIT/100 kg
Heizöl EL (Hausgebrauch)	2.200 LIT/100 kg
Heizöl/schwer	100 LIT/100 kg

h) Niederlande

MINERALÖLSTEUER (Accijns van minerale olien)

S t e u e r g e g e n s t a n d:

Leichtöle (Benzin), mittelschwere Öle (Petroleum), Gasöl, leichtes Heizöl, schweres Heizöl und andere Mineralöle, die als Kraftstoff verwendet werden. Die Verbrauchsteuer wird ebenfalls auf gewisse eingeführte Erzeugnisse erhoben, die diese Mineralöle enthalten, und zwar für den in ihnen enthaltenen Anteil an Öl.

B e f r e i u n g e n:

- Als Rohstoff verwendete Mineralöle
- Leichtöle, die zu anderen Zwecken als Rohstoff oder Kraftstoff verwendet werden
- schweres Heizöl, das zu anderen Zwecken als Rohstoff oder Kraftstoff verwendet wird
- Schmieröle
- eingeführte Schmieröle

S t e u e r s ä t z e:

- Leichtöle, die bei einer Temperatur von 15°C und bei atmosphärischem Druck flüssig sind, je hl bei 15°C	48 FL
- andere Leichtöle	-
- mittelschwere Öle je hl bei 15°C	18,46 FL
- Gasöl und leichtes Heizöl, das nicht zum Antrieb von Fahrzeugen auf öffentlichen Wegen bestimmt ist, wie sie in Artikel 2 des Gesetzes über Motorfahrzeuge von 1966 (Stb. 332) aufgeführt sind, je hl bei 15°C	3,26 FL
- schweres Heizöl und andere Mineralöle je 100 kg Nettogewicht	1,40 FL

STEUER AUF LUFTVERSCHMUTZUNG (Heffingen - Luchtverontreiniging)

S t e u e r g e g e n s t a n d:

Mineralöle: Definition identisch mit der bei der Verbrauchsteuer auf Mineralöle

Kohle: Förderung/Gewinnung auf nationalem Gebiet oder Einfuhr von Kohle und hieraus abgeleiteten Produkten sowie von Naturgas, Hochofen und Kokereigas.

B e f r e i u n g e n:

Jegliche andere Verwendung als für Brennstoffe ist befreit.

S t e u e r s ä t z e:

Leichtöle	0,86
Mittelschwere Öle	0,18 FL je hl
Gasöl und leichtes Heizöl, das nicht zu Antriebszwecken gebraucht wird	0,11 FL je hl
schweres Heizöl und andere Mineralöle	1,08 FL je 1000 kg
Kohle	0,79 FL je 1000 kg
Gas	0,84 FL je geg joule

Die Beschreibung der Steuernormen zeigt die Vielfalt der in den Gesetzen benutzten Definitionen, technischen Unterscheidungsmerkmalen und Maßeinheiten sehr deutlich. Als erster Schritt einer Belastungsanalyse sind daher diejenigen Steuersätze zu bestimmen, welche auf die für die vorliegende Untersuchung ausgewählten Mineralölprodukte exakt zutreffen. Dies geschieht unter Beachtung der physikalischen bzw. chemischen Eigenschaften der einzelnen Produkte. Die in Übersicht 17 dargestellten

Übersicht 17: Abgabesätze für Mineralölprodukte *)

		Motorenbenzin		Diesel-kraftstoff	Heizöl	
		Normal	Super		leicht	schwer
B	Mineral-ölsteuer	760 FB/hl	760 FB/hl	280 FB/hl	45 FB/hl	10 FB/100 kg
	Sonstige Abgaben	-	-	-	-	-
L	Mineral-ölsteuer	565 FB/hl	565 FB/hl	145 FB/hl	25-38 FB/hl	10 FB/100 kg
	Sonstige Abgaben	-	-	-	-	-
D	Mineral-ölsteuer	44 DM/hl	44 DM/hl	49,65 DM/100kg	2,- DM/100 kg	1,50 DM/100 kg
	Sonstige Abgaben	-	-	-	-	-
DK	Mineral-ölsteuer	132 Öre/l	132 Öre/l	-	-	-
	Sonstige Abgaben	-	-	7 Öre/l 2,48 Öre/l	7 Öre/l 2,49 Öre/l	8 Öre/kg 2,5 Öre/l
F	Mineral-ölsteuer	122,58 FF/hl	130,43 FF/hl	66,22 FF/hl	10,16 FF/hl	-
	Sonstige Abgaben	1 FF/hl 3 FF/hl 2 % der Minölsteuer	1 FF/hl 3 FF/hl 2 % der Minölsteuer	1 FF/hl - -	1 FF/hl - -	- - - (150 FF/t)
GB	Mineral-ölsteuer	0,30 £/gl	0,30 £/gl	0,35 £/gl	0,025 £/gl	0,025 £/gl
	Sonstige Abgaben	-	-	-	-	-
Irl	Mineral-ölsteuer	0,4341 £/gl	0,4341 £/gl	0,1773 £/gl	0,0200 £/gl	0,0200 £/gl
	Sonstige Abgaben	-	-	-	-	-
I	Mineral-ölsteuer	41.212 LIT/100 kg	41.212 LIT/100 kg	3.000 LIT/100 kg	2.200 LIT/100 kg	100 LIT/100 kg
	Sonstige Abgaben	-	-	-	-	-
NL	Mineral-ölsteuer	48 FL/hl	48 FL/hl	18,46 FL/hl	3,26 FL/hl	1,40 FL/100 kg
	Sonstige Abgaben	0,86 FL/hl	0,86 FL/hl	0,18 FL/hl	0,11 FL/hl	1,08 FL/1000 kg

*) Stand: 1. Juli 1978

Abgabesätze sind als Ergebnis dieses Auswahlprozesses anzusehen. Auf der Grundlage dieser Tarife läßt sich dann in einem zweiten Schritt die Belastung der ausgewählten Mineralölprodukte, ausgedrückt in Kaufkraftparitäten pro Wärmeäquivalent, berechnen. Das Resultat der Berechnungen und ein für jedes Produkt angestellter internationaler Vergleich der Belastung durch die Mineralölsteuer zeigt Abbildung 3. Wie aus dieser graphischen Darstellung zu erkennen ist, sind die Mineralölprodukte Normal- und Superbenzin, Dieselkraftstoff und leichtes Heizöl zwar in allen EG-Staaten der Mineralölsteuer unterworfen. Der hieraus resultierende Steuergehalt indessen ist auf den ersten Blick bei jedem dieser Produkte im EG-Vergleich sehr unterschiedlich [1]. So bewegt sich die Mineralölsteuer bei Normalbenzin in einem Intervall, dessen obere Grenze nahezu dem Dreifachen des unteren Grenzwertes entspricht (Italien: 0,1142 KKS/10.000 KJ; Luxemburg: 0,0390 KKS/10.000 KJ). Diese breite Streuung der Belastungswerte darf jedoch nicht darüber hinweg täuschen, daß in Belgien, Deutschland, Dänemark sowie in den Niederlanden, also nahezu in der Hälfte der Gemeinschaft, der Steuergehalt des Normalbenzins in etwa auf dem gleichen Niveau liegt (bei Ø 0,0470 KKS/10.000 KJ).

Eine bis auf geringfügige Abweichungen in Höhe und Verteilung identische Belastung liegt beim Superbenzin vor. Dies ist kaum verwunderlich, da in der Mehrzahl der Mineralölsteuergesetze Normal- und Superbenzin mit dem gleichen Steuersatz belegt sind. Die geringe Differenz in der Höhe der Belastung ist, wird als Bemessungsgrundlage auf eine Raumeinheit zurückgegriffen, im unterschiedlichen spezifischen Gewicht beider Produkte begründet.

Ließ sich bei Normal- und Superbenzin in etwa der Hälfte der Mitgliedsländer noch eine grobe Übereinstimmung der Steuergehalte feststellen, so besteht bei Dieselkraftstoff

1) Vgl. Anhang, Tabelle 6, Spalte 4

Abb. 3: Absolute Belastungen durch die Mineralölsteuer (in KKS/10.000 KJ)

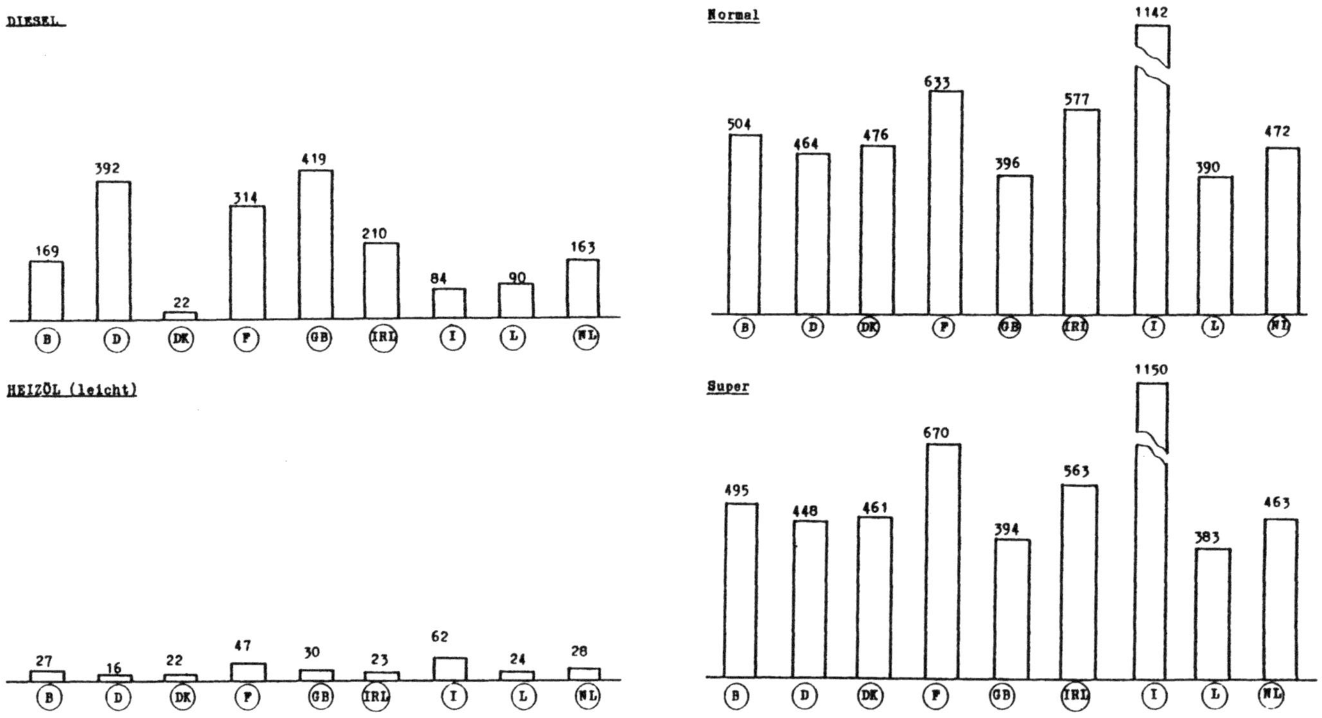

ein Schwankungsintervall der Belastungswerte, dessen obere Grenze knapp dem Zwanzigfachen des unteren Grenzwertes entspricht (Großbritannien: 0,0419 KKS/10.000 KJ; Dänemark: 0,0022 KKS/10.000 KJ). Innerhalb dieses Intervalls verteilen sich die Belastungswerte so, daß keinerlei Häufungspunkte auszumachen sind, d.h. die Belastung des Dieselkraftstoffs ist innerhalb der EG vollkommen uneinheitlich und unterschiedlich.

Im Gegensatz hierzu gestaltet sich die absolute Abgabenbelastung des leichten Heizöls relativ gleichmäßig. Abgesehen von Frankreich, Italien und der Bundesrepublik bewegt sich der Steuergehalt des leichten Heizöls in den übrigen Gemeinschaftsländern in einem relativ engen Bereich, wie es bei keinem der bisher analysierten Energieträger festzustellen war.

Beim letzten der zu betrachtenden Mineralölprodukte, dem schweren Heizöl, gleicht die Verteilung der Mineralölsteuer in etwa der des Dieselkraftstoffs: Auch hier liegt eine stark voneinander abweichende Belastung vor.

Insgesamt zeigt der Vergleich der absoluten Belastungswerte somit, daß die Mineralölprodukte Motorenbenzin, Dieselkraftstoff und Heizöl in den Ländern der Gemeinschaft alles in allem keiner gleichgerichteten und harmonisierten Besteuerung durch die Mineralölsteuer unterliegen.

Ein Vergleich der durch die Mineralölsteuer verursachten relativen Belastungshöhe bestätigt dieses Ergebnis (vgl. Abb. 4; S. 116). Auch hier zeigt sich, daß die Unterschiede, die ein europäischer Vergleich der Mineralölsteueranteile am Gesamtpreis einzelner Produkte beinhaltet, lediglich bei Normal- und Superbenzin weniger stark sind, bei den anderen Produkten jedoch das gleiche uneinheitliche Bild wie bei der Analyse der absoluten Belastungswerte zu finden ist. Obwohl die Schwankungen der relativen Werte

<u>Abb. 4:</u> Anteil der spez. Verbrauchsteuer am Gesamtpreis (in v.H.)

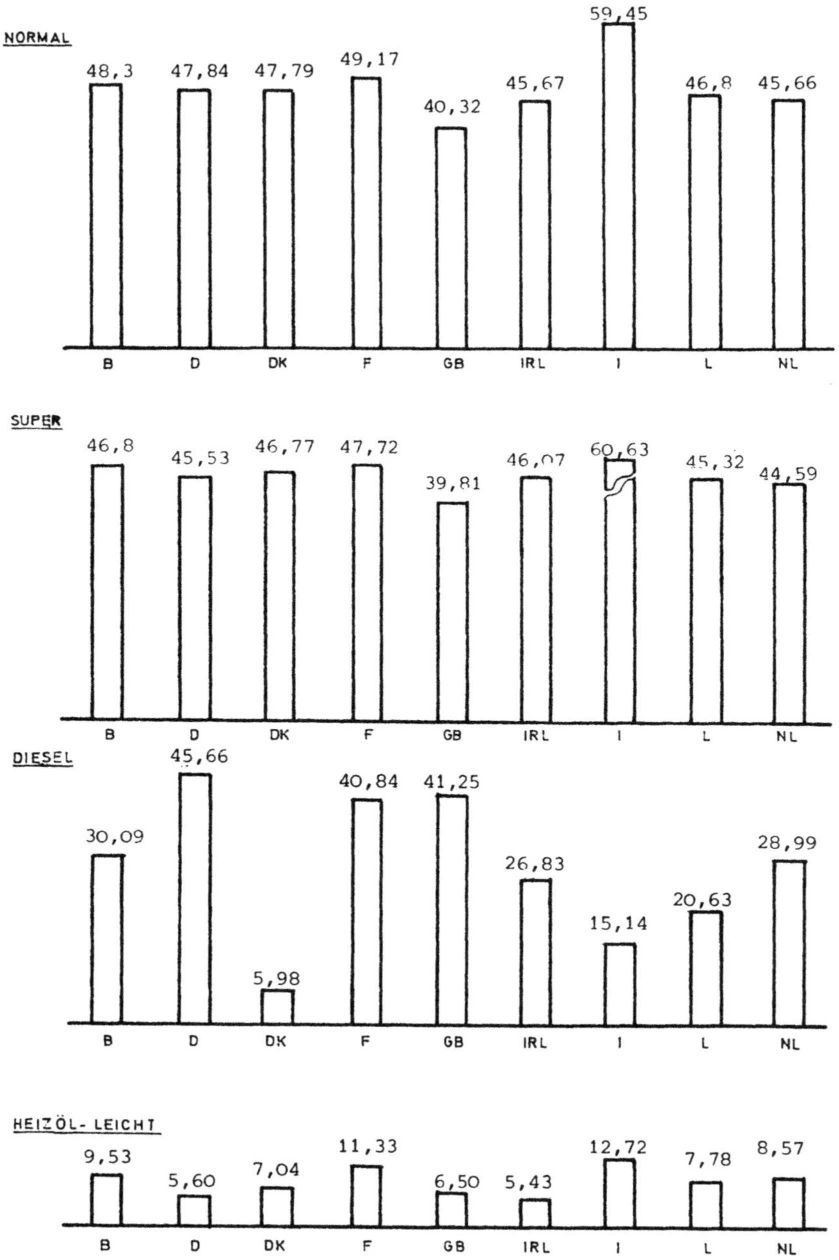

insgesamt nicht so groß sind wie die der absoluten, muß bei der Interpretation dieser Zahlen beachtet werden, daß die zugrundeliegenden Gesamtpreise teilweise staatlich administrierte Preise sind [1]. Damit werden in diesen Ländern bereits bei der Preisbildung staatliche Ziele berücksichtigt, die bei freier Preisbildung mit einer Steuer zu verfolgen wären.

Gemeinsamkeiten und Übereinstimmungen in der europäischen Mineralölbesteuerung sind lediglich in der Grobstruktur der Belastungsverteilung auf die einzelnen Produkte innerhalb eines jeden Landes festzustellen. Diese grobe, in allen Gemeinschaftsländern aufzufindende Verteilung der absoluten Belastung auf die jeweiligen Produkte ist in Abb. 5 dargestellt.

Abb. 5: Verteilung der absoluten Belastung auf die Mineralölprodukte (in v.H.)

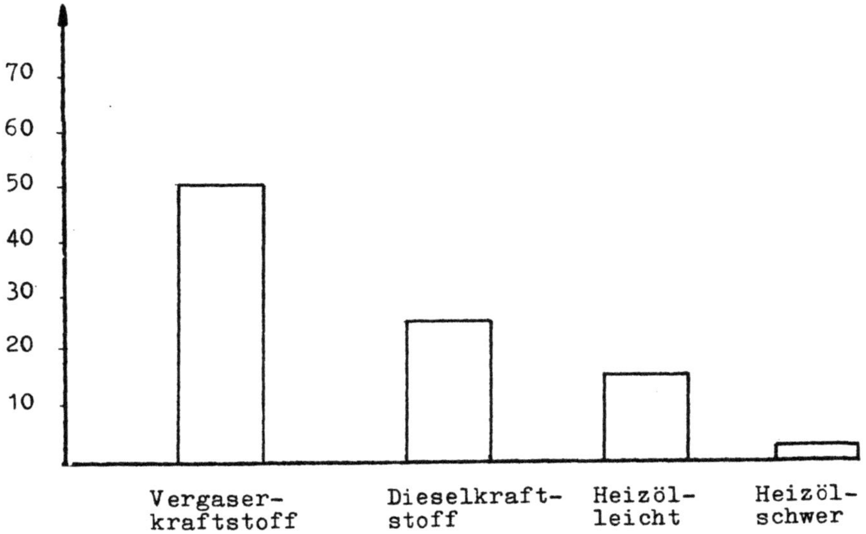

1) Dies ist der Fall in Frankreich, Italien

Allen EG-Staaten gemeinsam ist auch, daß die Mineralölsteuer vorwiegend nicht aus energiepolitischen, sondern aus fiskalischen Gründen erhoben wird [1]. Selbst die in jüngster Zeit in einigen Ländern vorgenommenen Erhöhungen einzelner Steuersätze werden durchweg mit einer notwendigen Verringerung des Haushaltsdefizits gerechtfertigt [2].

In der Analyse der steuerlichen Belastung der Mineralölprodukte sind abschließend noch einige Sonderabgaben zu erwähnen, die die Mineralölsteuerbelastung jedoch nur unwesentlich verändern. Die in Frankreich erhobenen, energiepolitisch begründeten Abgaben [3] erhöhen die absolute Belastung um:

0,0054 KKS/10.000 KJ	bei Normalbenzin	(= 8,5%	der Mineralölsteuerbelastung)
0,0033 KKS/10.000 KJ	bei Superbenzin	(= 4,9%	" ")
0,0003 KKS/10.000 KJ	bei Dieselkraftstoff	(= 1 %	" ")
0,0003 KKS/10.000 KJ	bei Heizöl-leicht	(= 1 %	" ").

Die in den Niederlanden zu leistende Umweltschutzabgabe (Abgabe für Luftverunreinigung) liegt bei

Normal- und Superbenzin	bei etwa	0,0008 KKS/10.000 KJ
Dieselkraftstoff	bei etwa	0,0003 KKS/10.000 KJ
leichtem Heizöl	bei etwa	0,0001 KKS/10.000 KJ
schwerem Heizöl	bei etwa	0,0001 KKS/10.000 KJ

Die Mineralölsteuerbelastung steigt durch diese zusätzliche Abgabe bei jedem der Produkte um weniger als 2 % an. In den übrigen Ländern wurden am Stichtag 1.7.1978 keine vergleichbaren Sonderabgaben erhoben.

---

1) Hansmeyer, K.-H.: Finanzwissenschaftliche Aspekte der Energiebesteuerung, a.a.O., S. 416

2) Institut für Finanzwissenschaft und Steuerrecht (Hrsg): Steuerauslandsdienst, a.a.O., Nr. 35, S. 1 (Dänemark); Nr. 29, S. 4 (Niederlande); Nr. 39, S. 4 (Großbritannien); Nr. 41, S. 2 und Nr. 42, S. 3 (Frankreich).

3) Vgl. Übersicht 17 sowie Anhang, Tabelle 6, Spalte 5

6.3 Belastung der Energieträger durch die Mehrwertsteuer

In allen neun Mitgliedstaaten der Gemeinschaft wird nach der EG-Richtlinie von 1970 die Umsatzsteuer in Form der Allphasen-Nettoumsatzsteuer (= Mehrwertsteuer) erhoben [1]. Obwohl jedoch in allen EG-Ländern die Lieferung von Gegenständen und Dienstleistungen sowie ihre Einfuhr grundsätzlich Steuergegenstand sind, bestehen hinsichtlich der Abgrenzung, insbesondere bei der Bestimmung der persönlichen Steuerpflicht, der steuerbefreiten Umsätze und anderer Sonderregelungen, erhebliche Unterschiede. Einheitlich hingegen gilt als Bemessungsgrundlage das vereinbarte Entgelt einschließlich aller Nebenkosten und sontigen Abgaben.

Die aus der Mehrwertsteuer resultierende Belastung der Energieträger differiert in der EG durch unterschiedliche Steuersätze und Befreiungen. Eine Beurteilung dieser Abgabelast ist jedoch erst dann sinnvoll, wenn über den einfachen Vergleich der die Energieträger treffenden Steuersätze hinaus auch die Einstufung dieser Tarife in das Gesamttarifsystem gesehen und gewürdigt wird. In einem ersten Schritt sollen daher die Grundzüge des Mehrwertsteuersystems eines jeden EG-Landes und die hierin enthaltene Einordnung der Energieträger beschrieben werden.

6.3.1 Die gesetzlichen Grundlagen

In Belgien [2] beträgt der Mehrwertsteuersatz am Untersuchungsstichtag 1.7.1978

- 6 % für Gegenstände des Grundbedarfs sowie für Dienstleistungen sozialer Art

---

1) Mennel, A.: Die Steuersysteme in EWG-Staaten, a.a.O., S. 188 ff.

2) Mennel, A.: Die Steuersysteme in EWG-Staaten, a.a.O., S. 189, und: Institut für Finanzwissenschaft und Steuerrecht (Hrsg): Steuerauslandsdienst Nr. 41, a.a.O., S. 1

- 25 % für Gegenstände, die früher der Luxussteuer oder einer pauschalen Umsatzsteuer zu erhöhtem Satz unterlagen

- 16 % für Gegenstände und Dienstleistungen, die durch die beiden erstgenannten Steuersätze nicht erfaßt werden.

Kohle, Natur- oder Ortsgas, schweres und leichtes Heizöl werden als lebensnotwendige Güter angesehen und demzufolge mit einem Steuersatz von 6 % belastet. Motorenbenzin (Normal- und Superkraftstoff), Dieselkraftstoff sowie Elektrizität werden dagegen als Güter des gewöhnlichen Bedarfs mit einem Mehrwertsteuersatz von 16 % belastet [1)].

In der Bundesrepublik Deutschland existieren zwei Steuersätze:

- 12 % als Normalsatz

- 6 % als ermäßigter Satz, der insbesondere für Lebensmittel, Druckerzeugnisse, den Personennahverkehr, die Leistungen der freien Berufe sowie die Lieferungen und Leistungen des Kultursektors gilt.

Die Energieträger sind einheitlich dem Normalsatz von 12 % unterworfen.

In Dänemark gilt am 1. Juli 1978 für alle Güter und Dienstleistungen, ausgenommen den Umsätzen von Zeitungen und Zeitschriften, den Erlösen aus Verkauf, Vermietung und Instandsetzung von Flugzeugen und Schiffen, den Erlösen aus dem Verkauf künstlerischer Erzeugnisse sowie den Umsätzen beim Bau von Wohn- und Krankenhäusern, ein einheitlicher Steuersatz von 18 % [2)]. Auch alle Energieträger unterliegen diesem Steuersatz.

---

1) Die Angaben zur Belastung der Energieträger mit Mehrwertsteuer beruhen auf unveröffentlichten Manuskripten der Kommission der Europäischen Gemeinschaften; Generaldirektion Energie, Direktion Kohle sowie Direktion Kohlenwasserstoffe; und der Generaldirektion Finanzinstitutionen und Steuerfragen.

2) Institut für Finanzwissenschaft und Steuerrecht (Hrsg): Steuerauslandsdienst Nr. 41, a.a.O., S. 1

Die französische Mehrwertsteuer kennt drei verschiedene Steuersätze [1]:

- Normalsatz mit 17,6 %;
  er findet Anwendung auf die überwiegende Zahl von Lieferungen und Leistungen.

- Ermäßigter Satz mit 7 %;
  ihm unterliegen Lebensmittel und bestimmte Dienstleistungen wie Personenbeförderung, Hotelbetriebe und Betriebskantinen.

- Erhöhter Satz mit 33 1/3 %;
  diesem Steuersatz unterliegen Waren, die als Luxusgut betrachtet werden.

Alle Energieträger sind mit dem Normalsatz von 17,6 % belastet.

In Großbritannien werden drei Steuersätze angewandt :

- Normalsatz von 8 % für die Mehrheit aller Güter und Dienstleistungen

- erhöhter Satz von 12,5 % für Güter und Dienste des gehobenen Bedarfs

- Nullsatz, der sich als Steuerbefreiung auswirkt;
  ihm unterliegen im allgemeinen die lebensnotwendigen Güter, wozu alle Nahrungsmittel (mit Ausnahme von Süßigkeiten, Chips und ähnlichen Erzeugnissen), Kleider und Schuhwaren für Kinder, Zeitungen, Zeitschriften u.ä. aber auch Wasser, Kohle bzw. andere feste Brennstoffe, Gas, Elektrizität und Mineralöl (mit Ausnahme von Öl und anderen Brennstoffen für den Straßenverkehr) gezählt werden.

---

1) Internationales Steuerlexikon, hrsg. von Ernst K. Briner: Band 2: Frankreich, a.a.O., S. 93.

Die Energieträger Kohle, Gas, Elektrizität, leichtes und schweres Heizöl sind daher aufgrund des Nullsatzes von der Mehrwertsteuer befreit. Dieselkraftstoff wird mit dem Normalsatz von 8 % belastet, während Super- und Normalbenzin zu den Gütern des gehobenen Bedarfs gezählt werden und daher einer Belastung von 12,5 % unterworfen sind.

Die irische Mehrwertsteuer kennt 6 unterschiedliche Steuersätze [1]:

- Normalsatz von 20 %
- ermäßigter Satz von 10 % für Baumaterialien, Textilien und Leder, Treibstoffe, Umsätze des Kulturbereiches, Güterbeförderung ;
- Nullsatz für Nahrungsmittel, Getränke, Medikamente, landwirtschaftlicher Produktionsbedarf
- erhöhter Satz von 35 % für Pkw und Motorräder
- erhöhter Satz von 40 % für Radios, Fernsehgeräte, Plattenspieler und Schallplatten
- Sondersteuersatz von 11,11 % für Tanzveranstaltungen.

Während die Energieträger Gas, Elektrizität, schweres und leichtes Heizöl durch den Nullsatz von der Mehrwertsteuer befreit sind, unterliegen Motorenbenzin (Normal und Super) sowie Dieselkraftstoff einem Steuersatz von 10 %.

In Italien kommen 6 Steuersätze zur Anwendung:

- 14 % als Normalsatz
- 6 % als ermäßigter Satz für Lebensmittel und für bestimmte Güter und Dienstleistungen des Normalbedarfs

---

1) Steuer-Auslandsdienst, Nr. 31; S. 5, von Mai 1976;

- 18 % als erhöhter Satz für bestimmte Genußmittel und Rindfleisch

- 35 % als erhöhter Satz für Luxusgüter

- 9 % als Sondersteuersatz für bestimmte Textilien

- 12 % als Sondersteuersatz für Mineralölprodukte [1]

Die Energieträger sind in diesem Tarifsystem unterschiedlich eingeordnet: Während Gas und Elektrizität, die vom Haushaltssektor verbraucht werden, dem ermäßigten Satz von jeweils 6 % unterliegen, die Mineralölprodukte Motorenbenzin (Normal und Super) und Dieselkraftstoff mit dem Sondersteuersatz von 12 % belastet werden, beträgt der Steuersatz für Kohle, schweres und leichtes Heizöl sowie für im Industriesektor verbrauchtes Gas und Elektrizität 14 % (= Normalsatz).

In den Niederlanden werden alle Energieträger mit dem Normalsatz von 18 % belastet. Der ermäßigte Satz von 4 % für Güter des täglichen Bedarfs und bestimmte Dienstleistungen findet bei den Energieträgern keine Anwendung.

Luxemburg wendet in seinem Mehrwertsteuersystem derzeit folgende Steuersätze an [2]:

- 10 % Normalsatz

- 5 % ermäßigter Satz für lebensnotwendige Güter, Dienstleistungen sozialen Charakters u.ä.;

- 2 % speziell ermäßigter Satz für Milche, Fleisch, Brot und bestimmte Medikamente.

---

1) Mitteilung der ESSO AG, Hamburg, vom 13.9.1979.

2) Mitteilung der Luxemburgischen Botschaft vom 26.9.1979.

Alle Energieträger, also auch Motorenbenzin und Dieselkraftstoff, werden in Luxemburg zu den lebensnotwendigen Gütern gezählt und folglich nur mit dem ermäßigten Satz von 5 % belastet.

Eine zusammenfassende Darstellung der auf die Energieträger angewandten Mehrwertsteuersätze und deren Einordnung in das Mehrwertsteuersystem des jeweiligen EG-Landes gibt Übersicht 18. In ihr wird deutlich, wie unkoordiniert die Mehrwertsteuerbelastung der Energieträger auch heute noch ist, und dies trotz der langjährigen Harmonisierungsbestrebungen in der Gemeinschaft. So ist besonders auffallend, daß die Mehrwertsteuer in einigen Ländern alle Energieträger mit dem Normalsatz belastet, in anderen dagegen die Energieträger Kohle, Gas und Elektrizität als lebensnotwendige Güter angesehen werden und lediglich mit einem ermäßigten Satz oder gar mit dem Nullsatz belegt sind. Begründungen für diese recht unterschiedliche Behandlung der Energieträger im Mehrwertsteuerrecht der EG-Staaten sind aus den vorliegenden Gesetzen und Verordnungen nicht ableitbar. Neben denkbaren sozialpolitischen Motiven lassen sich nur in denjenigen Fällen, in denen innerhalb der letzten zwei Jahre Veränderungen der Steuertarife stattgefunden haben, aufgrund von Regierungserklärungen Ziele und Motive dieser Maßnahmen finden. Hier ist zunächst die Erhöhung der Mehrwertsteuer für Energieträger von 8 auf 18 % in den Niederlanden zu nennen, die eine Verringerung des Wachstums des Energieverbrauchs und eine Erhöhung der Staatseinnahmen bewirken sollte [1]. Neben der energiepolitischen Begründung wird also auch eine fiskalische Rechtfertigung gegeben. In zwei anderen Fällen, und zwar bei allgemeinen, auch die Energieträger betreffenden Steuersatzvariationen in Dänemark [2] und Belgien [3], waren die Verringerung des Budgetdefizits und die Finanzierung von

1) Institut für Finanzwissenschaft und Steuerrecht (Hrsg): Steuerauslandsdienst, Nr. 41, a.a.O., S. 3.

2) derselbe, Nr. 40, a.a.O., S. 1.

3) derselbe, Nr. 41, a.a.O., S. 1.

Übersicht 18:
Auf Energieträger angewandte Mehrwertsteuersätze (Stand 1.7.1978)

	Kohle	Elektrizität	Naturgas + Gas Ortsgas	Heizöl - leicht	Heizöl - schwer	Diesel-kraftstoff	Motorenbenzin Super	Motorenbenzin Normal
L	Alle 5% ermäßigter Satz							
NL	Alle 18% (Normalsatz)							
I	14% Normal-Satz	6% reduz. Satz für Hh. 14% Normal-satz für Industrie	6% reduz. Satz f.Hh. 14% Normal-satz für Industrie	14% Normalsatz	14% Normalsatz	reduz. Sondersatz 12%	12%	12%
DK	Alle 18% (Normalsatz)							
B	6% Satz f.lebens-notwend. Güter	16% Normal-Satz	Lebensnotw. Güter 6%	6%	6%	Normalsatz 16%	16%	16%
IRL	Lebensnotwendige Güter 0-Satz	0-Satz	0-Satz	0-Satz	0-Satz	Normalsatz 1o%	1o%	1o%
GB	Lebensnotwendige Güter 0-Satz	0-Satz	0-Satz	0-Satz	0-Satz	8% Normal-satz	12,5% gehobener Satz	12,5% gehobener Satz
F	Alle 17,6% (Normalsatz)							
D	Alle 12% (Normalsatz)							

Arbeitsbeschaffungsprogrammen die Rechtfertigung für die höhere Energieträgerbesteuerung. Vermutlich unter den gleichen Gesichtspunkten wurde in Belgien der Energieträger Benzin, bislang in der Gruppe der lebensnotwendigen Güter mit 6 % besteuert, in diejenige Güterkategorie gehoben, die dem Normalsatz von 16 % unterliegt [1]. Schon aufgrund dieser wenigen Beispiele zeigt sich, daß die Belastung der Energieträger durch die Mehrwertsteuer überwiegend am fiskalischen Ziel ausgerichtet ist, energiepolitische Begründungen hingegen nur sekundäre Bedeutung haben. Die quantitative Bestimmung der sich aus der Mehrwertsteuer ergebenden Belastung der Energieträger erfordert neben der Kenntnis der Steuersätze auch Informationen über die als Bemessungsgrundlage geltenden Preise der Energieträger. Da die mit der Auswahl dieser Preise verbundenen Probleme bereits im vorigen Kapitel diskutiert wurden, sollen die jeweiligen Energieträgerpreise hier nur zugrundegelegt, nicht aber diskutiert werden [2].

6.3.2 Berechnung der Steuergehalte

Bei Anwendung des in Schaubild 3 dargestellten Algorithmus ergeben sich dann die in Übersicht 19 zusammengefaßten Mehrwertsteuergehalte der Energieträger, aus denen das folgende Belastungsgebirge konstruiert wurde.

Dieses Gebilde verdeutlicht im Gegensatz zur zahlenmäßigen Darstellung in Übersicht 19 wesentlich besser, wie stark die aus Steuertarif und Energieträgerpreis zustandekommenden Mehrwertsteuergehalte wirklich voneinander abweichen. War aus der Übersicht der reinen Steuertarife (Übersicht 18) schon ein geringes Maß an Harmonisierung

1) Institut für Finanzwissenschaft und Steuerrecht (Hrsg): Steuerauslandsdienst, Nr. 39, a.a.O., S. 1.

2) Vgl. Anhang: Tabellen 2, 4 und 6; jeweils Spalte 1 (Preise ohne Mehrwertsteuer/pro Wärmeäquivalent).

Abb. 6: Mehrwertsteuerbelastung der Energieträger

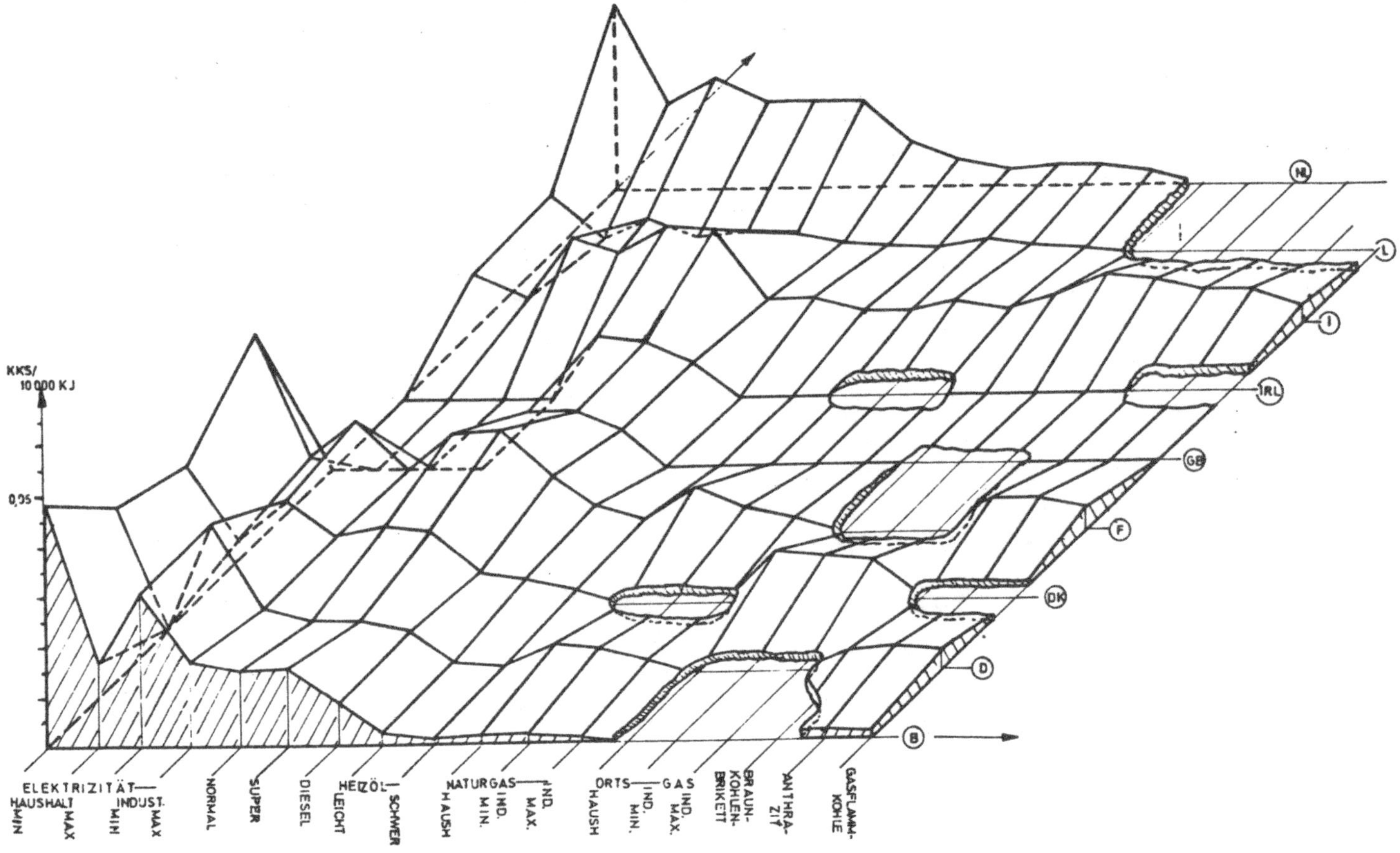

Übersicht 19: Mehrwertsteuerbelastung der Energieträger (in KKS/10.000 KJ; Stand: 1.7.1978)

	B	D	DK	F	GB	Irl	I	L	NL
Motorenbenzin, Normal	0,0144	0,0104	0,0152	0,0201	0,0108	0,0115	0,0199	0,040	0,0158
Motorenbenzin, Super	0,0146	0,0106	0,0150	0,0211	0,0110	0,0111	0,0203	0,040	0,0159
Dieselkraftstoff	0,0078	0,0092	0,0058	0,0115	0,0076	0,0071	0,0059	0,0020	0,0085
Heizöl - leicht	0,0016	0,0029	0,0049	0,0063	0,0000	0,0000	0,0059	0,0014	0,0050
Heizöl - schwer	0,0009	0,0021	0,0030	0,0031	0,0000	0,0000	0,0030	0,0007	0,0028
Gas – Naturgas – Haushalte	0,0020	0,0065	-	0,0097	0,0000	-	0,0029	0,0025	0,0040
Gas – Naturgas – Industrie min.-	0,0018-	0,0048-	-	0,0052-	0,0000	-	0,0048-	0,0012-	0,0038-
Gas – Naturgas – Industrie max.	0,0011	0,0026	0,0098	0,0029	-	-	0,0031	0,0008	0,0032
Gas – Ortsgas – Haushalte	-	-	0,0095	-	-	0,0000	0,0058	-	-
Gas – Ortsgas – Industrie	-	-	0,0079	-	-	0,0000	0,0100-0,0094	-	-
Kohle – Braunkohlenbrikett	-	0,0043	-	0,0073	0,0000	-	0,0067	-	-
Kohle – Anthrazit	0,0020	0,0049	-	0,0068	0,0000	-	0,0068	-	-
Kohle – Gasflammkohle	0,0019	0,0042	-	0,0047	0,0000	-	0,0035	-	-
Kohle – Steinkohlenbrikett	-	0,0053	-	-	-	-	-	-	
Elektrizität – Haushalte min.	0,0473	0,0331	0,0276	0,0400	0,0000	0,0000	0,0063	0,0120	0,0366
Elektrizität – Haushalte max.	0,0162	0,0092	0,0138	0,0162	0,0000	0,0000	0,0112	0,0038	0,0172
Elektrizität – Industrie min.	0,0300	0,0301	0,0207	0,0236	0,0000	0,0000	0,0180	0,0073	0,0216
Elektrizität – Industrie max.	0,0166	0,0136	0,0137	0,0135	0,0000	0,0000	0,0154	0,0044	0,0166

Quelle: eigene Berechnungen

der Besteuerung im Sinne einer Abstimmung der Steuertarife abzulesen, so wird dieses Ergebnis durch den Vergleich der absoluten Belastungen noch deutlicher.

Mitverantwortlich für diese stark variierenden Steuergehalte sind hier jedoch nicht nur die Steuersätze, denen die Energieträger unterworfen sind, sondern auch die Preise der Energieträger, die als Bemessungsgrundlage der Mehrwertsteuer dienen. So führt beispielsweise das hohe Preisniveau für Normalbenzin in Italien bei gleichem Steuersatz wie in der Bundesrepublik zu einer absoluten Belastung, die fast doppelt so hoch ist wie die deutsche. Ähnlich wirkt sich das Preisniveau auch auf die Belastung des Dieselkraftstoffs in Dänemark und Deutschland aus. Der sich bei einem Tarif von 12 % in der Bundesrepublik ergebende absolute Steuerbetrag ist nahezu doppelt so hoch wie der dänische, dem immerhin ein Steuersatz von 18 % zugrundeliegt. Diese Bedeutung des jeweiligen Energieträgerpreises für die absolute Höhe der steuerlichen Belastung, in Übersicht 20 an einigen Energieträgern aufgezeigt, ist bei der Interpretation der Gesamtbelastung der Energieträger und der Beurteilung des Ausmaßes staatlicher Einflüsse auf den Energiemarkt besonders zu beachten, zumal - wie bereits bemerkt - die Energieträgerpreise in einigen EG-Staaten, z.B. in Frankreich und Italien, politische Preise sind, d.h. staatlich festgesetzt werden. Das in Abbildung 6 dargestellte Belastungsgebirge läßt auch Aussagen über die Mehrwertsteuerbelastung derjenigen Energieträger zu, die in Substitutionskonkurrenz zueinander stehen. Hier bieten sich zunächst die Belastungen derjenigen Energieträger an, die für die Deckung des Wärmebedarfs der Haushalte bedeutsam sind, also der Steuergehalt von leichtem Heizöl, Naturgas (im Haushaltsverbrauch), Brikett sowie von Elektrizität (bei minimalem und maximalem Haushaltsverbrauch). Eine Gegenüberstellung der Mehrwertsteuerbelastung dieser, auf dem Wärmemarkt der Haushalte miteinander konkurrierenden Energieträger kommt zu dem Ergebnis, daß bis auf Großbritannien und Irland, wo sowohl

Übersicht 20: Mehrwertsteuerbelastung ausgewählter Energieträger (in KKS/10 000 Kl und v.H.)

NORMALBENZIN

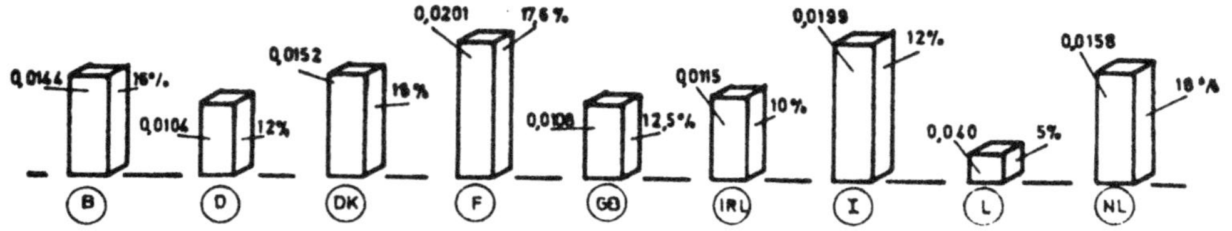

DIESELKRAFTSTOFF

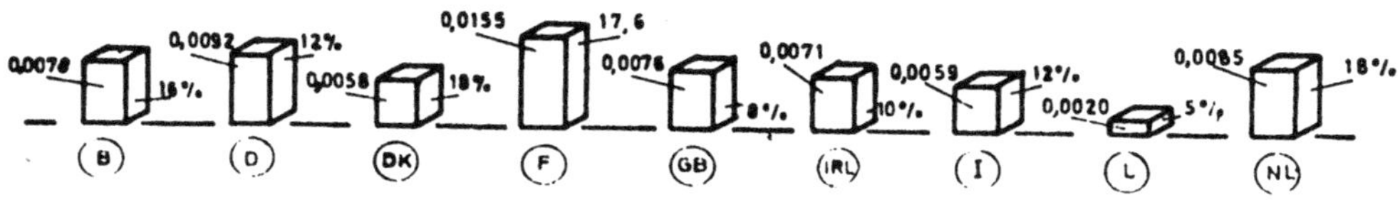

ELEKTRIZITÄT (MINIMALVERBRAUCH HAUSHALTE)

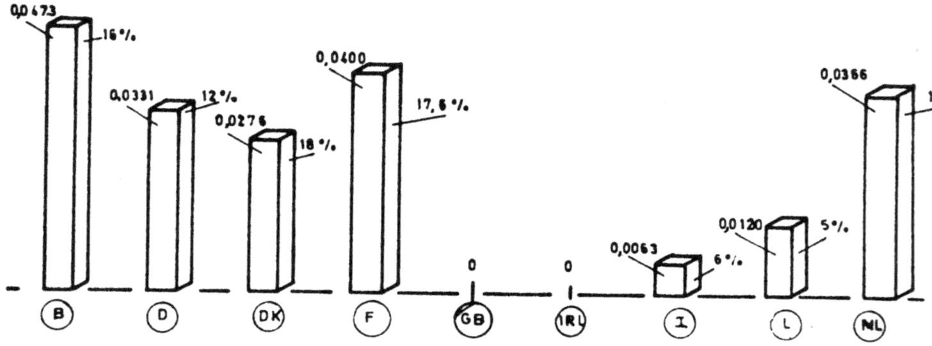

HEIZÖL-LEICHT

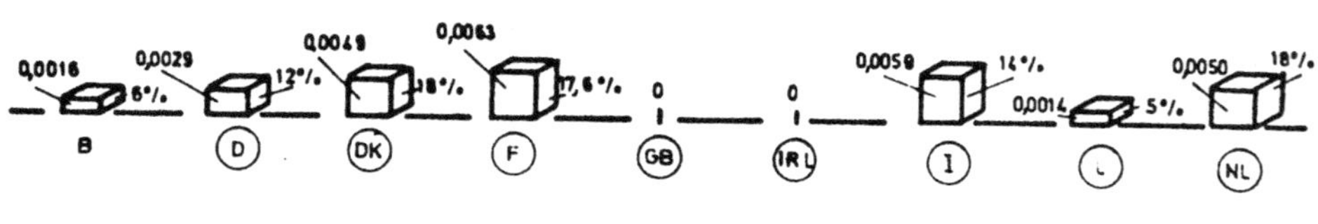

leichtes Heizöl als auch Elektrizität von der Mehrwertsteuer befreit sind, das Mineralölprodukt Heizöl in allen Ländern der Gemeinschaft wesentlich geringeren Mehrwertsteuerbeträgen unterworfen ist als etwa Naturgas oder gar Elektrizität. Das Verhältnis

$$\frac{\text{Mwst-Belastung der Elektrizität}}{\text{Mwst-Belastung des leichten Heizöls}}$$

liegt in diesen Ländern im Durchschnitt bei etwa 7 : 1, wobei jedoch in Belgien ein Spitzenwert von nahezu 30 : 1 existiert. Auch die auf Naturgas und Braunkohlenbrikett liegende Mehrwertsteuer ist stets höher als die Steuerbelastung des leichten Heizöls.

Für die steuerliche Behandlung der auf dem industriellen Wärmemarkt konkurrierenden Energieträger schweres Heizöl, Naturgas (Industrieverbrauch), Steinkohle und Elektrizität gilt von der Tendenz her die gleiche Feststellung, wenngleich das gesamte Niveau der Belastung doch geringer ist als im Haushaltssektor. Insgesamt gesehen ist aber, und dies gilt für die ganze Gemeinschaft, in beiden Verbrauchsbereichen das zur Wärmeerzeugung dienende Mineralöl (HEL und HES) durch die Mehrwertsteuer mit Abstand am geringsten belastet.

6.4 Die Gesamtbelastung

6.4.1 Addition der Einzelwerte

Der Steuergehalt der einzelnen Energieträger ist nunmehr durch Addition der in den vorangegangenen Kapiteln errechneten Belastungswerte bestimmbar. Die sich so ergebende Gesamtbelastung der Energieträger durch Steuern und steuerähnlichen Abgaben wird in Übersicht 21 für alle

Übersicht 21: Gesamtbelastung der Energieträger in der EG

	Normal	Super	OK/L	Heizöl leicht	Heizöl schwer	Braunkbr.	Anthrazitk.	Gasflammk.	Naturgas Haush.	Ortsgas Haush.	Naturgas Incl.(min)	Naturgas Incl.(max)
B	0,0647	0,0640	0,0244	0,0043	0,0013	-	0,0020	0,0019	0,0020	-	0,0018	0,0011
D	0,0568	0,0554	0,0483	0,0046	0,0033	0,0043	0,0049	0,0042	0,0065	-	0,0048	0,0026
DK	0,0627	0,0610	0,0088	0,0079	0,0060	-	-	-	-	0,0098	-	-
F	0,0888	0,0914	0,0432	0,0115	0,0080	0,0073	0,0068	0,0047	0,0097	-	0,0052	0,0029
GB	0,0505	0,0503	0,0493	0,0030	0,0027	-	0,0000	0,0000	0,0000	-	0,0000	0,0000
Irl	0,0691	0,0674	0,0281	0,0023	0,0022	-	-	-	-	0,0000	-	-
I	0,1340	0,1352	0,0141	0,0122	0,0032	0,0067	0,0068	0,0035	0,0141	0,0286	0,0048	0,0031
L	0,0429	0,0422	0,0111	0,0038	0,0012	-	-	-	0,0025	-	0,0012	0,0008
NL	0,0638	0,0628	0,0249	0,0080	0,0040	-	-	-	0,0040	-	0,0032	0,0038

Quelle: eigene Berechnungen

Staaten der Gemeinschaft dargestellt. Eine erste Auswertung dieser Zahlen kommt zu dem Ergebnis, daß die Belastungswerte teilweise sehr große Schwankungsintervalle bilden, d.h. der obere Wert dem 3- oder sogar 4-fachen des unteren Wertes entspricht (siehe Übersicht 22; Spannweite des Steuergehalts bei Normalbenzin: zwischen 0,0430 und 0,1340 KKS; oder Heizöl-leicht: zwischen 0,0100 und 0,0420 KKS). Sowohl die Höhe als auch die Verteilung der Belastung sind, wie Abb. 7 für einige Energieträger verdeutlicht, innerhalb der Gemeinschaft so unterschiedlich, daß die eingangs ausgesprochene Vermutung einer insgesamt einheitlichen und bereits weitgehend harmonisierten Energiebesteuerung sich nicht bestätigt hat.

6.4.2 Beschreibung und Interpretation der Ergebnisse

Eine erste, grobe Analyse der Ergebnisse dieser Belastungsrechnung hat die eingangs aufgestellte Vermutung einer insgesamt weitgehend harmonisierten europäischen Energiebesteuerung nicht bestätigt; daher soll nun versucht werden, diese Ergebnisse unter steuertechnischen sowie energiepolitischen Aspekten weiter zu diskutieren, um so u.U. Hinweise auf die Motive und Wirkungsmöglichkeiten der derzeitigen Energiebesteuerung zu erhalten. Zunächst sind jedoch die die einzelnen Produktgruppen belastenden Gesamtsteuergehalte zu beschreiben.

o Mineralölprodukte

Im Gegensatz zu den unterschiedlichen absoluten Belastungen der Mineralölprodukte fällt bei den Belastungsstrukturen eine teilweise Angleichung und Übereinstimmung auf. So ist festzustellen, daß der Anteil der Steuern am Verkaufspreis

Übersicht 22: Streuung der Belastung in den Ländern der EG

	Durchschnittliche Belastung/ Wärmeäquivalent (x)	Spannweite min.	Spannweite max.	Standard-abweichung (s)	Variations-koeffizient $\left(\frac{s}{x}\right)$
Normalbenzin	0,0700	0,0430	0,1340	0,027	38,57
Superbenzin	–	–	–	–	–
Dieselkraftstoff	0,0280	0,0090	0,0490	0,016	57,14
Heizöl - leicht	0,0100	0,0020	0,0420	0,012	120,0
Heizöl - schwer	0,0030	0,0010	0,0060	0,001	33,33
Heizöl-schwer/max. 1 % s	0,0030	0,0000	0,0040	0,002	66,66
Braunkohlenbriketts	0,0060	0,0040	0,0070	0,002	33,33
Anthrazitkohle	0,0040	0,0000	0,0070	0,003	75
Gasflammkohle (42)	–	–	–	–	–
Steinkohlenkoks (43)	–	–	–	–	–
Naturgas-Hausk.	0,0060	0,0000	0,0140	0,005	83,33
Ortsgas -Hausk.	0,0130	0,0000	0,0290	0,015	115,38
Naturgasbezug					
Industrie max.	0,0020	0,0000	0,0040	0,001	50,00
min.	0,0030	0,0000	0,0050	0,002	66,66
Ortsgasbezug					
Industrie max.	0,0080	0,0000	0,0150	0,008	100,00
min.	0,0060	0,0000	0,0100	0,005	83,33
Elektrizitätsbezug					
Haushalte max.	0,0120	0,0000	0,024	0,009	75,0
min.	0,0270	0,0000	0,059	0,022	81,48
Elektrizitätsbezug					
Industrie max.	0,012	0,0000	0,020	0,008	66,66
min.	0,019	0,0000	0,041	0,014	73,68

Quelle: eigene Berechnungen

Abb. 7: Gesamtbelastung ausgewählter Energieträger

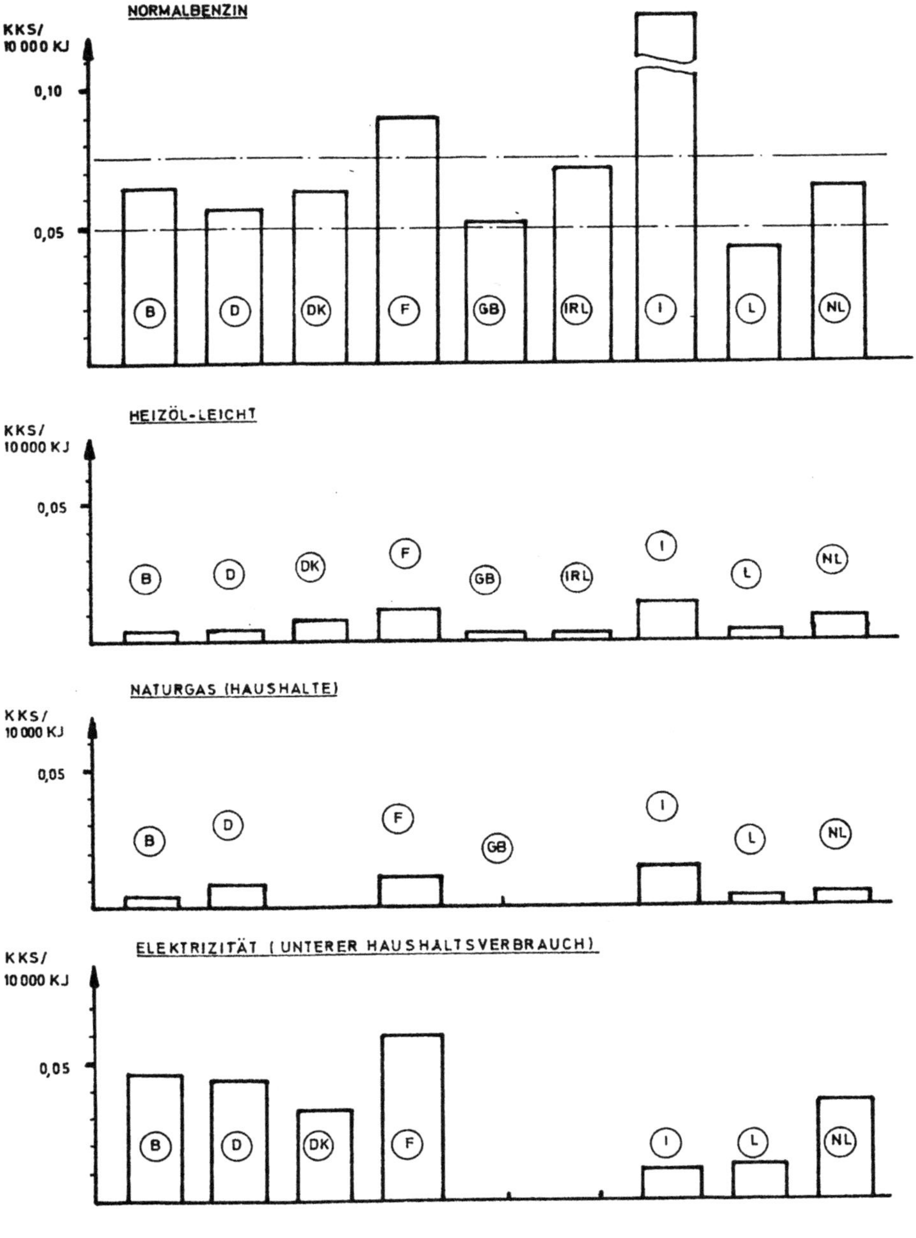

Quelle: eigene Berechnungen

bei Normalbenzin zwischen 51,4 und 72,2 %
bei Superbenzin zwischen 50,1 und 71,3 %
bei Dieselkraftstoff zwischen 23,4 und 56,4 % sowie
bei Heizöl-leicht zwischen 5,4 und 27,5 % liegt [1].

Dieser Steueranteil ergibt sich bei Normal- und Superbenzin in allen Ländern der EG hauptsächlich durch die Mineralölsteuer, die hier zu etwa 80 % zum Gesamtsteuergehalt beiträgt [2]. Eine ähnliche Dominanz der speziellen Gütersteuer findet sich in etwa der Hälfte der EG-Länder auch bei Dieselkraftstoff, während in den restlichen Staaten, ähnlich wie beim Heizöl, die Mehrwertsteuer den größeren Teil der Steuerbelastung verursacht.

o Kohleprodukte

Da die Kohleprodukte in keinem Land der Gemeinschaft einer von der Höhe her bedeutenden speziellen Verbrauchsteuer unterworfen sind [3], ist die Gesamtbelastung identisch mit der Mehrwertsteuerbelastung. Diese ist, wie an anderer Stelle bereits diskutiert, trotz unterschiedlicher Steuersätze in den untersuchten Staaten in seiner absoluten Höhe bemerkenswert einheitlich [4].

o Gas

Für Natur- und Ortsgas ist für die Struktur des Steueranteils eine ähnliche Aussage möglich: Genau wie bei den Kohleprodukten erhebt die Mehrzahl der EG-Staaten - Ausnahme Italien - auf Natur- und Ortsgas nur die Mehrwertsteuer. Trotz einiger Abweichungen in der absoluten Höhe des Steuergehalts sind alle Belastungen dadurch gekennzeichnet, daß sie mit steigendem Verbrauch abnehmen. So ist der durch-

---

1) Vgl. Anhang, Tabelle 7 (Normalbenzin, Superbenzin, Dieselkraftstoff), Spalte 1.

2) Vgl. Anhang, Tabelle 7 (Normalbenzin, Superbenzin), Spalte 4.

3) Vgl. Kapitel 6.2.2

4) Vgl. Anhang, Tabelle 9, Spalten 3 und 6.

schnittliche Steuergehalt des Naturgasbezugs der Haushalte doppelt so hoch wie derjenige, dem Großverbraucher der Industrie unterliegen [1]. Diese steuerliche Begünstigung des Mehrverbrauchs ist auf das Tarifsystem (Abgabepreis der örtlichen Gasversorgungsgesellschaft) zurückzuführen, das, wie bei allen anderen leitungsgebundenen Energieträgern auch, den regelmäßigen Bezug begünstigt, Spitzen- und Niedrigabgabemengen hingegen mit hohen Preisen belegt.

o Elektrizität

Diese den Großverbrauch begünstigende Besteuerung ist bei Elektrizität noch ausgeprägter als beim Energieträger Natur- bzw. Ortsgas. Anders als dort sind jedoch etwa in der Hälfte der Gemeinschaftsländer neben der dominierenden Mehrwertsteuer (durchschnittlich zwischen 63 % und 71 % des Steuergehalts) andere, steuerähnliche Abgaben für eine zusätzliche Belastung verantwortlich[2].

Insgesamt lassen diese Ergebnisse folgende Aussagen zu:

1.) Obwohl die Gesamtbelastung aller Energieträger starke Unterschiede aufweist, zeigt sich, daß das Belastungsniveau (= Durchschnitt aller Belastungswerte jedes Landes) in Frankreich und Italien die höchsten, in Großbritannien und Luxemburg hingegen die mit Abstand niedrigsten Werte erreicht:

	durchschnittliche Belastung der Energieträger (in KKS/10.000 KJ)
Belgien	0,020
Deutschland	0,019
Dänemark	0,023
Frankreich	0,030
Großbritannien	0,011

1) Vgl. Anhang, Tabelle 2, Spalten 3 und 6.

2) Vgl. Anhang, Tabelle 8, Elektrizität; Tabelle 3, Spalten 5 und 6.

	durchschnittliche Belastung der Energieträger (in KKS/ 10.000 KJ)
Irland	0,014
Italien	0,025
Luxemburg	0,011
Niederlande	0,021

Dieses "Nord-Süd-Gefälle" in der Belastung der Energieträger wird besonders deutlich an den Mineralölprodukten Vergaserkraftstoffe sowie Heizöl-leicht. Hier liegen die Steuergehalte in Frankreich und Italien weit über dem europäischen Durchschnitt, während Großbritannien stets die unteren Ränge in dieser Reihenfolge einnimmt.

Eine Erklärung für diese, in den romanischen Ländern doch stärker ausgeprägte steuerliche Belastung der Energieträger liegt möglicherweise in der unterschiedlichen Steuermentalität der europäischen Völker. So hat die insbesondere den romanischen Völkern eigene Skepsis gegenüber der Obrigkeit und im besonderen Maße gegenüber den Steuerbehörden, genau wie auch die geringe Bereitschaft zur Steuerzahlung dazu geführt, daß in den romanischen Ländern das Steueraufkommen zu größeren Teilen durch sogenannte "indirekte" Steuern erbracht wird, während "direkte" Steuern hier geringere Anteile als in den anderen westeuropäischen Ländern aufweisen [1]. Diese mit der Steuermentalität begründbare Dominanz der Verbrauchsteuern kann die beschriebenen Unterschiede in der absoluten Höhe der steuerlichen Energieträgerbelastung

1) Schmölders, G.: Einführung in die Geld- und Finanzpsychologie, Darmstadt 1975, S. 135. Vgl. hierzu weiterhin: Beichelt, B.; Biervert, B.; Daviter, J.; Schmölders, G.; Strumpel. B.: Steuernorm und Steuerwirklichkeit, Band II: Steuermentalität und Steuermoral in Großbritannien, Frankreich, Italien und Spanien, Köln-Opladen, 1969.

erklären. Es zeigt sich aber auch, daß eine Harmonisierung der Energiebesteuerung bezüglich ihrer Verbrauchsteuersätze wenig erfolgreich sein dürfte, da die psychologisch ideale Annäherung an das niedrigste Niveau gerade Frankreich und Italien ihrer einträglichsten Steuerquellen berauben würde [1].

2.) Wie bereits mehrfach erwähnt, liegt der Anteil der Mehrwertsteuer an der Gesamtbelastung der Energieträger durchschnittlich bei ca. 53 %, bei Ausschluß der Kraftstoffe sogar bei durchschnittlich 70 % [2]. Gerade die Mehrwertsteuer zeichnet sich jedoch durch eine hohe Unmerklichkeit des Steuerzugriffs aus. Der Verbraucher "weiß" zwar in vielen Fällen, daß in dem Preis für das gekaufte Gut auch Mehrwertsteuer enthalten ist; da aber Preis und Steuer in einer Summe und in einem Akt gezahlt werden, braucht der Käufer die seinem Verhalten immanente Hemmung gegen das Geldausgeben nur einmal und noch dazu nicht gegenüber dem Finanzamt, sondern nur gegenüber seinem Lieferanten zu überwinden. Auch täuscht die Mehrwertsteuer eine gewisse Freiwilligkeit der Leistung vor, die unerwünschte Steuerwiderstände verringern hilft: Der Verbraucher glaubt, sich durch Verzicht auf die gewollte Bedürfnisbefriedigung der Besteuerung entziehen zu können. Dies ist deshalb eine Täuschung, weil die Mehrwertsteuer alle Arten von Lieferungen und Leistungen umfaßt, so daß ein Ausweichen auf unbesteuerte Verbrauchs- und Aufwandskategorien praktisch gar nicht möglich ist.

---

1) Hansmeyer, K.-H.; Mackscheidt, K.: Finanzpsychologie in: Handbuch der Finanzwissenschaft, Band I, 3. Auflage, Tübingen 1976, S. 571

2) Vgl. Anhang, Tabelle 9

Je unmerklicher eine Steuer erhoben wird, desto weniger sind Verhaltensänderungen der Betroffenen mit der Absicht einer Steuerausweichung zu befürchten. Diese, für die fiskalische Ergiebigkeit der Steuer unerwünschten Reaktionen sind jedoch gerade bei einer Steuer, die energie- oder andere wirtschaftspolitische Ziele verfolgen will, dringend notwendig. Somit zeigt sich, daß der in der Energiebesteuerung überwiegende Mehrwertsteueranteil ungeeignet ist, die Endenergieverbraucher im Sinne einer Zwecksteuer zu irgendwelchen Verhaltensänderungen zu bewegen, es sei denn allgemein über den Preis. Die Ausgestaltung der Energiebesteuerung läßt daher den Schluß zu, daß selbst in Zeiten einer fortschreitenden Energieverknappung das steuerpolitische Instrumentarium zur Beeinflussung des Endenergieverbrauchs weitgehend ungenutzt bleibt, während die Belastung der Energieträger wie in der Vergangenheit weiterhin ausschließlich fiskalischen Zwecken dient.

3.) Der Anteil der rein energiepolitisch begründeten Abgaben an der Gesamtbelastung der Energieträger liegt im EG-Durchschnitt bei ca. 0,5 %. Dieser überaus geringe Anteil ergibt sich daraus, daß derartige Abgaben lediglich in Deutschland (Kohlepfennig), Dänemark (Stromsteuer) sowie in Frankreich (Beitrag zum Kohlenwasserstoffonds) erhoben werden. Aber selbst in diesen Ländern erfüllen die Abgaben überwiegend fiskalische Zwecke: Mit Ausnahme von Dänemark speisen der Kohlepfennig in Deutschland wie auch der Beitrag zum Kohlenwasserstoffonds in Frankreich sogenannte Sonderfonds [1], mit deren Aufkommen energiepolitisch begründbare Maßnahmen finanziert werden.

---

1) Heinig, K.: Das Budget, Bd. II: Das Budgetwesen, Tübingen 1951, S. 324 f.

Für diese Abgaben typisch, und damit den reinen Finanzierungscharakter unterstreichend, wird die Höhe des Steuertarifs in beiden Ländern nach dem Repartitionsprinzip festgelegt. Lediglich die dänische Stromsteuer könnte sowohl aufgrund ihrer Ausgestaltung als auch durch ihren Tarif als Zwecksteuer energiepolitische Wirkungen erzeugen.

4.) Obwohl die derzeitige Energiebesteuerung in erster Linie fiskalische Funktionen erfüllt, könnte durch die teilweise recht unterschiedliche Besteuerung der Energieträger innerhalb jeden Landes trotzdem mit einer Verschiebung der relativen Preise und damit der Konkurrenzsituation auf den nationalen spezifischen Energieträgermärkten zu rechnen sein. Im Gegensatz zu dieser anfänglichen Vermutung zeigt sich jedoch für den Kraftstoffmarkt, daß die Besteuerung auf das Verhältnis Normal-Super eine leicht nivellierende Wirkung hat, d.h. die Preisdifferenz beider Produkte wird geringer [1]. Für die Wärmemärkte der Haushalte oder der Industrie ergibt sich ein ähnliches Bild. Im Verhältnis zum leichten Heizöl werden alle anderen, für die Wärmeversorgung der Haushalte bedeutsamen Energieträger wie Braunkohlenbrikett, Anthrazitkohle, Naturgas sowie Elektrizität zwar insgesamt relativ billiger [2]; die Wärmepreisdifferenzen jedoch werden durch diese Verbesserungen der Preisverhältnisse nicht wesentlich geringer. So bleibt Naturgas auch nach Besteuerung immer noch um durchschnittlich 30 %, Elektrizität sogar um über 190 % teurer als leichtes Heizöl.[3]

---

1) Vgl. Anhang, Tabelle 10

2) Braunkohlenbrikett } um jeweils ca.
Anthrazitkohle } 15 %
Naturgas um ca. 8 %
Elektrizität um ca. 25 %
vgl. Anhang, Tabelle 11

3) Bei den am 1. Juli 1978 zugrunde gelegten Preisen

Die im Rahmen der industriellen Wärmeversorgung (Prozeßwärme) mit dem schweren Heizöl konkurrierenden Energieträger Gasflammkohle, Naturgas und Elektrizität werden durch die Besteuerung zwar insgesamt in ihrer Position zum schweren Heizöl etwas bessergestellt, die Wärmepreisdifferenz ist jedoch so groß, daß die steuerlich bewirkte Preisverschiebung im Vergleich hierzu unerheblich wird [1].

Somit zeigt sich, daß von der Besteuerung der Energieträger insgesamt keine wesentlichen Veränderungen der nationalen relativen Energieträgerpreise ausgehen. Die im Verhältnis zu den Mineralölprodukten recht beachtlichen Wärmepreisdifferenzen bleiben, abgesehen von einigen geringfügigen Verbesserungen, sowohl im Wärmemarkt der Haushalte als auch in dem der Industrie weitgehend erhalten: Von einer Verschiebung der relativen Preise und einer hierdurch bewirkten Veränderung der Struktur des Energieverbrauchs kann bei den derzeitigen steuerlichen Regelungen nicht die Rede sein.

6.4.3 Aussagen zur Entwicklung

Das dynamische Element der Energiebesteuerung ist die Mehrwertsteuer; die Mehrwertsteuerbelastung war sowohl aufgrund von Steuersatzvariationen als auch in Folge von Preiserhöhungen am 1.8.1979 nahezu doppelt so hoch wie am 1.7.1975 [2]. Die zusätzliche Erhöhung einiger Verbrauchsteuern [3] sowie die Einführung einiger neuer Abgaben [4] führte zwischen 1975 und 1979 zu einer Steigerung der Gesamtbelastung von durchschnittlich 60 % [5].

---

1) Vgl. Anhang, Tabelle 12

2) Vgl. Anhang, Tabelle 13 und 14

3) Vgl. Anhang, Tabelle 15

4) Vgl. Anhang, Tabelle 16

5) Vgl. Anhang, Tabelle 17

Obwohl eine Vielzahl dieser Steuererhöhungen energiepolitisch begründet wurde, hat sich der rein fiskalische Charakter der Energiebesteuerung auch angesichts der jüngsten politischen Verknappung der Energieträger nicht geändert. Als Beweis hierfür ist das Ansteigen des Mehrwertsteueranteils an der Gesamtbelastung anzusehen [1]. Damit gilt das für den Untersuchungsstichtag gewonnene Resultat auch für die darauf folgende Zeit. In ähnlicher Form bestätigt sich, daß die Energieträgerbesteuerung zwischen 1975 und 1979 die relativen Preise der Energieträger und damit die Substitutionskonkurrenz auf dem spezifischen Wärmemärkten wenig beeinflußt hat [2]. Die energiepolitisch motivierten Sonderabgaben nahmen bis zum 1.8.1979 zwar zahlenmäßig zu, doch dient die Mehrzahl dieser Abgaben weiterhin reinen Finanzierungszwecken [3].

Die Aussagefähigkeit aller Ergebnisse dieser Studie könnte, da lediglich aufgrund von Gesetzen, Verordnungen oder Richtlinien ermittelt, durch eine innerhalb der EG unterschiedliche Umsetzung der steuerrechtlichen Bestimmungen sowie eine verschiedenartige Ausprägung der Steuergerichtsbarkeit und der Steuerkontrolle eingeschränkt werden. Diese Einflußgrößen werden allerdings dadurch stark abgeschwächt, daß die Bemessungsgrundlagen und Tarife der betrachteten, dem Produkt direkt zurechenbaren Steuern in allen Mitgliedsländern relativ genau festgelegt sind und somit wenig Ermessensspielraum bieten. Somit behalten die dargestellten Ergebnisse der Energieträgerbesteuerung trotz einiger methodisch bedingter Einschränkungen, wie z.B. der Preis- und Währungsproblematik, ihre grundsätzliche Aussagefähigkeit.

---

1) Vgl. Anhang, Tabelle 18

2) Vgl. Anhang, Tabelle 19

3) Vgl. Anhang, Tabelle 16

Anhang

Tabelle 1: Bruttoinlandsverbrauch an Primärenergie im Jahre 1975

	EG		Bundesrepublik Deutschland		Frankreich		Italien		Großbritannien		Irland		Niederlande		Belgien		Luxemburg		Dänemark	
	absolut*)	%	absolut*)	%	absolut*)	%	absolut*)	%	absolut*)	%	absolut*)	%	absolut*)	%	absolut*)	%	absolut*)	%	absolut*)	%
Steinkohle u. Äquivalente	239.024	19,3	67.763	19,6	34.763	14,8	11.235	6,2	102.156	35,3	590	6,4	3.479	4,1	13.180	22,3	2.835	44,4	3.023	11,9
Braunkohle u. Äquivalente	38.051	3,1	34.980	10,13	1.274	0,54	528	0,3	-	-	1.202	13,0	10	0,01	16	0,02	28	0,4	14	0,05
Rohöl	681.216	55,1	176.667	51,2	150.489	64,0	127.468	70,1	129.411	44,7	7.272	78,5	33.689	40,0	32.331	54,4	1.884	29,5	22.005	86,5
Naturgas	203.314	16,4	50.052	14,5	22.887	9,7	26.579	14,6	45.715	15,8	-	-	45.716	54,3	11.867	19,9	500	7,8	-	-
andere Brennstoffe	2.115	0,17	1.194	0,35	129	0,05	386	0,21	-	-	-	-	374	0,4	31	0,05	2	0,03	-	-
Primär-Elektrizität	72.305	5,85	14.633	4,28	25.320	10,8	15.685	8,6	12.096	4,2	196	2,1	977	1,1	1.982	3,3	1.143	17,9	273	1,1
insgesamt	1.236.024	100,0	345.288	100,0	234.862	100,0	181.881	100,0	289.378	100,0	9.259	100,0	84.244	100,0	59.406	100,0	6.391	100,0	25.315	100,0

*) in 1000 t SKE

Quelle: Statistisches Amt der Europäischen Gemeinschaften: Jahrbuch Energiestatistik 1970 - 75, Luxemburg 1976, S. 43 F. und eigene Berechnungen

Tabelle 2

a) Naturgasbezug der Haushalte

Land	Preis pro Wärmeäquivalent ex Steuern	Preis pro Wärmeäquivalent incl. Steuern	Mehrwertsteuerbelastung pro Wärmeäquivalent	Spez. Verbrauchsteuer pro Wärmeäquivalent	Sonstige Abgaben pro Wärmeäquivalent	Gesamtbelastung pro Wärmeäquivalent
B	.0345	.0365	.0020	0.0000	0.0000	.0020
D	.0345	.0410	.0065	0.0000	0.0000	.0065
F	.0550	.0647	.0097	0.0000	0.0000	.0097
GB	.0322	.0322	0	0.0000	0.0000	0.0000
I	.0350	.0493	.0028	.0113	0.0000	.0141
L	.0491	.0516	.0025	0.0000	0.0000	.0025
NL	.0220	.0259	.0040	0.0000	.0000	.0040

b) Ortsgasbezug der Haushalte

Land	Preis pro Wärmeäquivalent ex Steuern	Preis pro Wärmeäquivalent incl. Steuern	Mehrwertsteuerbelastung pro Wärmeäquivalent	Spez. Verbrauchsteuer pro Wärmeäquivalent	Sonstige Abgaben pro Wärmeäquivalent	Gesamtbelastung pro Wärmeäquivalent
DK	.0540	.0637	.0098	0.0000	0.0000	.0098
IRL	.0735	.0735	0	0.0000	0.0000	0.0000
I	.0755	.1041	.0058	.0225	0.0000	.0286

Tabelle 2

c) **Naturgasbezug der Industrie (maximaler Bezug)**

Land	Preis pro Wärmeäquivalent ex Steuern	Preis pro Wärmeäquivalent incl. Steuern	Mehrwertsteuerbelastung pro Wärmeäquivalent	Spez. Verbrauchsteuer pro Wärmeäquivalent	Sonstige Abgaben pro Wärmeäquivalent	Gesamtbelastung pro Wärmeäquivalent
B	.0185	.0195	.0011	0	0	.0011
D	.0217	.0243	.0026	0	0	.0026
F	.0166	.0195	.0029	0	0	.0029
GB	.0336	.0336	0	0	0	0.0000
I	.0224	.0255	.0031	0	0	.0031
L	.0163	.0171	.0008	0	0	.0008
NL	.0209	.0247	.0038	0	0	.0038
d) Naturgasbezug der Industrie (minimaler Bezug)						
B	.0302	.0320	.0018	0.0000	0.0000	.0018
D	.0398	.0445	.0048	0.0000	0.0000	.0048
F	.0296	.0348	.0052	0.0000	0.0000	.0052
GB	.0276	.0276	0.0000	0.0000	0.0000	0.0000
I	.0341	.0390	.0048	0.0000	0.0000	.0048
L	.0255	.0268	.0012	0.0000	0.0000	.0012
NL	.0176	.0209	.0032	0.0000	.0000	.0032

Tabelle 2

e) Ortsgasbezug der Industrie (maximaler Verbrauch)

Land	Preis pro Wärmeäquivalent ex Steuern	Preis pro Wärmeäquivalent incl. Steuern	Mehrwertsteuerbelastung pro Wärmeäquivalent	Spez. Verbrauchsteuer pro Wärmeäquivalent	Sonstige Abgaben pro Wärmeäquivalent	Gesamtbelastung pro Wärmeäquivalent
DK	.0527	.0621	.0095	0.0000	0.0000	.0152
IRL	.0620	.0620	0.0000	0.0000	0.0000	0.0000
I	.0666	.0760	.0094	0.0000	0.0000	.0094

f) Ortsgasbezug der Industrie (minimaler Verbrauch)

DK	.0439	.0518	.0079	0.0000	0.0000	.0079
IRL	.0597	.0597	0.0000	0.0000	0.0000	0.0000
I	.0718	.0818	.0100	0.0000	0.0000	.0100

Tabelle 3

Naturgasbezug Haushalte

Land	Anteil der Gesamtbelastung am Verkaufspreis	Verhältnis MWSt/ Verkaufspreis	Verhältnis spez. Verbrauchsteuer/ Verkaufspreis	Verhältnis MWSt/ Gesamtbelastung
B	5.64	5.64	0	
D	10.71	10.71	0	
F	14.97	14.97	0	
GB	0	0	0	
I	28.82	5.67	23.15	18.658
L	4.75	4.75	0	
NL	15.34	15.24	0	98.320
Ortsgasbezug Haushalte				
DK	15.28	15.28	0	
IRL	0	0	0	
I	27.41	5.64	21.70	20.563

<u>Tabelle 3</u>

Ortsgasbezug Industrie
maximal

Land	Anteil der Gesamtbelastung am Verkaufspreis	Verhältnis MWSt/ Verkaufspreis	Verhältnis spez. Verbrauchsteuer/ Verkaufspreis	Verhältnis MWSt/ Gesamtbelastung
DK	15.26	15.26	0	
IRL	0	0	0	0
I	12.28	12.28	0	

Ortsgasbezug Industrie
minimal

Land	Anteil der Gesamtbelastung am Verkaufspreis	Verhältnis MWSt/ Verkaufspreis	Verhältnis spez. Verbrauchsteuer/ Verkaufspreis	Verhältnis MWSt/ Gesamtbelastung
DK	15.24	15.24	0	
IRL	0	0	0	0
I	12.28	12.28	0	

Tabelle 3

maximaler Naturgasbezug

Industrie

Land	Anteil der Gesamtbelastung am Verkaufspreis	Verhältnis MWSt/ Verkaufspreis	Verhältnis spez. Verbrauchsteuer/ Verkaufspreis	Verhältnis MWSt/ Gesamtbelastung
B	5.61	5.61	0	
D	10.63	10.63	0	
F	14.96	14.96	0	
GB	0	0	0	0
I	12.24	12.24	0	
L	4.78	4.78	0	
NL	15.32	15.21	0	99.286

minimaler Naturgasbezug

Industrie

Land	Anteil der Gesamtbelastung am Verkaufspreis	Verhältnis MWSt/ Verkaufspreis	Verhältnis spez. Verbrauchsteuer/ Verkaufspreis	Verhältnis MWSt/ Gesamtbelastung
B	5.61	5.61	0	
D	10.69	10.69	0	
F	14.92	14.92	0	
GB	0	0	0	0
I	12.24	12.24	0	
L	4.72	4.72	0	
NL	15.36	15.23	0	99.153

Tabelle 4

maximaler Elektrizitätsverbrauch der Industrie

Land	Preis pro Wärmeäquivalent ex Steuern	Preis pro Wärmeäquivalent incl. Steuern	Mehrwertsteuerbelastung pro Wärmeäquivalent	Spez. Verbrauchsteuer pro Wärmeäquivalent	Sonstige Abgaben pro Wärmeäquivalent	Gesamtbelastung pro Wärmeäquivalent
B	.1041	.1207	.0166	0.0000	0.0000	.0166
D	.1084	.1268	.0136	0.0000	.0005	.0185
DK	.0701	.0902	.0137	0.0000	.0064	.0201
F	.0766	.0901	.0135	0.0000	0.0000	.0135
GB	.0265	.0265	0.0000	0.0000	0.0000	0.0000
IRL	.1193	.1193	0.0000	0.0000	0.0000	0.0000
I	.1083	.1237	.0154	0.0000	.0009	.0162
L	.0887	.0931	.0044	0.0000	0.0000	.0043
NL	.0926	.1092	.0166	0.0000	0.0000	.0166
minimaler Elektrizitätsverbrauch der Industrie						
B	.1876	.2176	.0300	0.0000	0.0000	.0300
D	.2396	.2804	.0301	0.0000	.0011	.0408
DK	.1097	.1370	.0207	0.0000	.0064	.0273
F	.1344	.1580	.0236	0.0000	0.0000	.0236
GB	.0456	.0456	0.0000	0.0000	0.0000	0.0000
IRL	.2297	.2297	0.0000	0.0000	0.0000	0.0000
I	.1244	.1435	.0180	0.0000	.0015	.0190
L	.1466	.1540	.0073	0.0000	0.0000	.0073
NL	.1575	.1855	.0216	0.0000	0.0000	.0215

Tabelle 4

maximaler Elektrizitätsverbrauch der Haushalte

Land	Preis pro Wärmeäquivalent ex Steuern	Preis pro Wärmeäquivalent incl. Steuern	Mehrwertsteuerbelastung pro Wärmeäquivalent	Spez. Verbrauchsteuer pro Wärmeäquivalent	Sonstige Abgaben pro Wärmeäquivalent	Gesamtbelastung pro Wärmeäquivalent
B	.1011	.1173	.0162	0.0000	0.0000	.0162
D	.0730	.0854	.0092	0.0000	.0033	.0124
DK	.0703	.0905	.0138	0.0000	.0064	.0201
F	.0843	.1085	.0162	0.0000	.0079	.0241
GB	.0884	.0884	0.0000	0.0000	0.0000	0.0000
IRL	.1016	.1016	0.0000	0.0000	0.0000	0.0000
I	.1834	.1985	.0112	0.0000	.0038	.0150
L	.0770	.0808	.0038	0.0000	0.0000	.0038
NL	.0957	.1129	.0172	0.0000	0.0000	.0172
minimaler Elektrizitätsverbrauch der Haushalte						
B	.2958	.3431	.0473	0.0000	0.0000	.0473
D	.2638	.3088	.0331	0.0000	.0012	.0449
DK	.1470	.1810	.0276	0.0000	.0064	.0339
F	.2080	.2675	.0400	0.0000	.0195	.0595
GB	.2276	.2276	0.0000	0.0000	0.0000	0.0000
IRL	.2208	.2208	0.0000	0.0000	0.0000	0.0000
I	.1010	.1111	.0063	0.0000	.0038	.0100
L	.2414	.2535	.0120	0.0000	0.0000	.0120
NL	.2035	.2402	.0366	0.0000	0.0000	.0366

Tabelle 5

maximaler Verbrauch der Haushalte

Land	Anteil der Gesamtbelastung am Verkaufspreis	Verhältnis MWSt/ Verkaufspreis	Verhältnis spez. Verbrauchsteuer/ Verkaufspreis	Verhältnis MWSt/ Gesamtbelastung
B	13.71	13.71	0	
D	14.61	8.43	0	57.692
DK	22.20	15.37	0	69.231
F	22.33	15.05	0	67.391
GB	0	0	0	0
IRL	0	0	0	0
I	7.55	5.58	0	73.810
L	4.86	4.86	0	
NL	15.25	15.25	0	

minimaler Verbrauch der Haushalte

Land	Anteil der Gesamtbelastung am Verkaufspreis	Verhältnis MWSt/ Verkaufspreis	Verhältnis spez. Verbrauchsteuer/ Verkaufspreis	Verhältnis MWSt/ Gesamtbelastung
B	13.79	13.79	0	
D	14.58	10.68	0	73.262
DK	18.78	15.24	0	81.169
F	22.24	14.96	0	67.257
GB	0	0	0	0
IRL	0	0	0	0
I	9.00	5.79	0	64.286
L	4.75	4.75	0	
NL	15.25	15.25	0	

Tabelle 5

maximaler Verbrauch der Industrie

Land	Anteil der Gesamtbelastung am Verkaufspreis	Verhältnis MWSt/ Verkaufspreis	Verhältnis spez. Verbrauchsteuer/ Verkaufspreis	Verhältnis MWSt/ Gesamtbelastung
B	13.73	13.73	0	
D	14.61	10.63	0	72.727
DK	22.25	15.16	0	68.132
F	14.91	14.91	0	
GB	0	0	0	0
IRL	0	0	0	0
I	13.29	12.43	0	93.478
L	4.76	4.76	0	
NL	15.35	15.35	0	
minimaler Verbrauch der Industrie				
B	13.38	13.38	0	
D	14.59	10.73	0	73.529
DK	19.97	15.30	0	76.613
F	17.65	17.65	0	
GB	0	0	0	0
IRL	0	0	0	0
I	13.18	12.19	0	92.453
L	4.79	4.79	0	
NL	11.61	11.61	0	

Tabelle 6

a) Normalbenzin

Land	Preis pro Wärmeäquivalent ex Steuern	Preis pro Wärmeäquivalent incl. Steuern	Mehrwertsteuerbelastung pro Wärmeäquivalent	Spez. Verbrauchsteuer pro Wärmeäquivalent	Sonstige Abgaben pro Wärmeäquivalent	Gesamtbelastung pro Wärmeäquivalent
B	.0395	.1044	.0144	.0504	0.0000	.0647
D	.0400	.0970	.0104	.0464	0.0000	.0568
DK	.0368	.0995	.0152	.0476	0.0000	.0627
F	.0455	.1343	.0201	.0633	.0013	.0888
GB	.0438	.0983	.0108	.0396	0.0000	.0505
IRL	.0572	.1263	.0115	.0577	0.0000	.0691
I	.0517	.1859	.0199	.1142	0.0000	.1340
L	.0403	.0832	.0040	.0390	0.0000	.0429
NL	.0397	.1034	.0158	.0472	.0008	.0638
b) Superbenzin						
B	.0417	.1056	.0146	.0495	0.0000	.0640
D	.0431	.0985	.0106	.0448	0.0000	.0554
DK	.0374	.0985	.0150	.0461	0.0000	.0610
F	.0490	.1404	.0211	.0670	.0013	.0914
GB	.0485	.0990	.0110	.0394	0.0000	.0503
IRL	.0547	.1223	.0111	.0563	0.0000	.0674
I	.0543	.1896	.0203	.1150	0.0000	.1352
L	.0421	.0844	.0040	.0383	0.0000	.0422
NL	.0408	.1037	.0159	.0463	.0008	.0628

Tabelle 6

c) Dieselkraftstoff

Land	Preis pro Wärmeäquivalent ex Steuern	Preis pro Wärmeäquivalent incl. Steuern	Mehrwertsteuerbelastung pro Wärmeäquivalent	Spez. Verbrauchsteuer pro Wärmeäquivalent	Sonstige Abgaben pro Wärmeäquivalent	Gesamtbelastung pro Wärmeäquivalent
B	.0314	.0560	.0078	.0169	0.0000	.0244
D	.0373	.0858	.0092	.0392	0.0000	.0483
DK	.0290	.0379	.0058	.0022	.0008	.0088
F	.0334	.0768	.0115	.0314	.0005	.0432
GB	.0520	.1014	.0076	.0419	0.0000	.0493
IRL	.0500	.0780	.0071	.0210	0.0000	.0281
I	.0408	.0549	.0059	.0084	0.0000	.0141
L	.0626	.0437	.0020	.0090	0.0000	.0111
NL	.0311	.0560	.0085	.0163	.0002	.0249
d) Heizöl - leicht						
B	.0254	.0297	.0016	.0027	0.0000	.0043
D	.0233	.0279	.0029	.0016	0.0000	.0046
DK	.0242	.0322	.0049	.0022	.0008	.0079
F	.0304	.0420	.0063	.0047	.0005	.0419
GB	.0425	.0455	0.0000	.0030	0.0000	.0030
IRL	.0409	.0434	0.0000	.0023	0.0000	.0023
I	.0365	.0487	.0059	.0062	0.0000	.0122
L	.0264	.0302	.0014	.0024	0.0000	.0038
NL	.0251	.0331	.0050	.0028	.0001	.0080

Tabelle 6

e) Heizöl - schwer

Land	Preis pro Wärmeäquivalent ex Steuern	Preis pro Wärmeäquivalent incl. Steuern	Mehrwertsteuerbelastung pro Wärmeäquivalent	Spez. Verbrauchsteuer pro Wärmeäquivalent	Sonstige Abgaben pro Wärmeäquivalent	Gesamtbelastung pro Wärmeäquivalent
B	.0129	.0142	.0009	.0005	0.0000	.0013
D	.0159	.0191	.0021	.0013	0.0000	.0033
DK	.0137	.0198	.0030	0.0000	.0007	.0060
F	.0175	.0207	.0031	0.0000	0.0000	.0030
GB	.0213	.0240	0.0000	.0027	0.0000	.0027
IRL	.0307	.0329	0.0000	.0022	0.0000	.0022
I	.0207	.0241	.0030	.0003	0.0000	.0032
L	.0135	.0147	.0007	.0005	0.0000	.0012
NL	.0144	.0184	.0028	.0011	.0001	.0040

<u>Tabelle 7</u>

Dieselkraftstoff

Land	Anteil der Gesamtbelastung am Verkaufspreis	Verhältnis MWSt/ Verkaufspreis	Verhältnis spez. Verbrauchsteuer/ Verkaufspreis	Verhältnis MWSt/ Gesamtbelastung
B	4368	1380	3009	31594
D	5637	1071	4566	18997
DK	2339	1528	598	65316
F	5641	1498	4084	26560
GB	4863	742	4125	15259
IRL	3591	908	2683	25290
I	2587	1073	1514	41476
L	2539	476	2063	18736
NL	4453	1527	2899	34305
Heizöl - leicht				
B	1470	565	953	38462
D	1637	1068	560	65241
DK	2481	1526	704	61517
F	2747	1500	1133	54608
GB	650	0	650	0
IRL	543	0	543	0
I	2500	1228	1272	49112
L	1258	472	778	37500
NL	2418	1524	857	63030

Tabelle 7

Heizöl - schwer

Land	Anteil der Gesamtbelastung am Verkaufspreis	Verhältnis MWSt/ Verkaufspreis	Verhältnis spez. Verbrauchsteuer/ Verkaufspreis	Verhältnis MWSt/ Gesamtbelastung
B	942	568	374	60317
D	1731	1075	656	62092
DK	3045	1528	0	50165
F	1517	1494	11	98485
GB	1152	0	1152	0
IRL	667	0	667	0
I	1354	1233	121	91089
L	845	483	377	57143
NL	2169	1524	598	70270

Tabelle 7

Normalbenzin

Land	Anteil der Gesamtbelastung am Verkaufspreis	Verhältnis MWSt/ Verkaufspreis	Verhältnis spez. Verbrauchsteuer/ Verkaufspreis	Verhältnis MWSt/ Gesamtbelastung
B	6211	1379	4830	22199
D	5865	1064	4784	18138
DK	6305	1525	4779	24194
F	6612	1497	4860	22636
F	6574	1496	4917	22751
GB	5138	1106	4032	21520
IRL	5474	910	4567	16627
I	7218	1072	5945	14854
L	5157	477	4680	9244
NL	6174	1527	4586	24734
Superbenzin				
B	6061	1381	4680	22781
D	5623	1070	4553	19034
DK	6204	1525	4677	24575
F	6508	1497	4772	22999
GB	5093	1112	3981	21833
IRL	5516	906	4607	16421
I	7134	1071	6063	15007
L	5006	478	4532	9542
NL	6066	1525	4459	25137

Tabelle 8: Statistische Maßzahlen zur Beschreibung der Verteilung der Anteilswerte: Gesamtsteuern/Verkaufspreis (in v.H.)

	arithmet. Mittelwert	Varianz	Minimum	Maximum	Standard-Abweichung
Normalbenzin	60,2	0,5	61,4	72,2	6,9
Dieselkraftstoff	40,0	1,7	23,4	56,4	13,0
Heizöl - leicht	17,4	0,7	5,4	27,5	8,3

<u>Tabelle 9</u>

Braunkohlenbrikett

Land	Preis pro Wärmeäquivalent ex Steuern	Preis pro Wärmeäquivalent incl. Steuern	Mehrwertsteuerbelastung pro Wärmeäquivalent	Spez. Verbrauchsteuer pro Wärmeäquivalent	Sonstige Abgaben pro Wärmeäquivalent	Gesamtbelastung pro Wärmeäquivalent
D	.0363	.0406	.0043	0.0000	0.0000	.0043
F	.0416	.0490	.0073	0.0000	0.0000	.0073
I	.0476	.0543	.0067	0.0000	0.0000	.0067
Anthrazitkohle						
B	.0348	.0368	.0020	0.0000	0.0000	.0020
D	.0409	.0457	.0049	0.0000	0.0000	.0049
F	.0387	.0454	.0068	0.0000	0.0000	.0068
GB	.0392	.0392	0.0000	0.0000	0.0000	0.0000
I	.0486	.0554	.0068	0.0000	0.0000	.0068

Tabelle 9

Gasflammkohle

Land	Preis pro Wärmeäquivalent ex Steuern	Preis pro Wärmeäquivalent incl. Steuern	Mehrwertsteuerbelastung pro Wärmeäquivalent	Spez. Verbrauchsteuer pro Wärmeäquivalent	Sonstige Abgaben pro Wärmeäquivalent	Gesamtbelastung pro Wärmeäquivalent
B	.0308	.0336	.0019	0.0000	0.0000	.0019
D	.0350	.0392	.0042	0.0000	0.0000	.0042
F	.0269	.0318	.0047	0.0000	0.0000	.0047
GB	.0304	.0304	0.0000	0.0000	0.0000	0.0000
I	.0252	.0287	.0035	0.0000	0.0000	.0035
Steinkohlenkoks						
D	.0438	.0490	.0053	0.0000	0.0000	.0052

Tabelle 10

	Normal Dieselkraftstoff		Super Dieselkraftstoff		Normal Super	
	vor Besteuerung	nach Besteuerung	vor Besteuerung	nach Besteuerung	vor Besteuerung	nach Besteuerung
Belgien	1,2580	1,8643	1,3280 +	1,8857 +	0,947	0,988
Deutschland	1,0724	1,1305	1,1555 +	1,1480 +	0,966	0,984
Dänemark	1,2690	2,6253	1,2897 +	2,5989 -	0,984	1,010
Frankreich	1,3623	1,7487	1,4671 +	1,8281 +	0,928	0,957
Großbrit.	0,9577	0,9694	0,9327 -	0,9763 +	1,026	0,993
Irland	1,1440	1,6192	1,0940 -	1,5679 -	1,046	1,033
Italien	1,2672	3,3862	1,3309 +	3,4536 +	0,952	0,98
Luxemburg	1,2362	1,9039	1,2914 +	1,9314 +	0,957	0,986
Niederlande	1,2765	1,8464	1,3119 +	1,8518 +	0,973	0,997

Tabelle 11

	Braunkohlenbrikett Heizöl-leicht		Anthrazitkohle Heizöl-leicht		Naturgas Haushalt Heizöl-leicht		Elektrizitätsverbrauch(max. Haushalt) Heizöl-leicht	
	vor Besteuerg.	nach Besteuerg.	vor Besteuerg.	nach Besteuerg.	vor Besteuerg.	nach Besteuerg.	vor Besteuerung	nach Besteuerung
Belgien	-	-	1,3701	1,2391	1,3583	1,2290	3,9803	3,9495
Deutschland	1.5579	1,4552	1,7554	1,6380	1,4807	1,4695	3,1330	3,0609
Dänemark	-	-	-	-	-	-	2,9050	2,8106
Frankreich	1,3651	1,1667	1,2730	1,0810	1,8092	1,5405	2,7730	2,5833
Großbrit.	-	-	0,9224	0,8615	0,7576	0,7077	2,0800	1,9429
Irland	-	-	-	-	-	-	2,4841	2,3410
Italien	1,3041	1,2426	1,3315	1,1376	0,9589	1,0123	5,0247	4,0760
Luxemburg	-	-	-	-	1,8598	1,7086	2,9167	2,6755
Niederlande	-	-	-	-	0,8765	0,7825	2,8127	3,4109

Tabelle 12

	Gasflammkohle		Naturgasverbr. Industr. (max.)		Elektrizitätsverbr.(Ind. max.)	
	Heizöl-schwer		Heizöl-schwer		Heizöl-schwer	
	vor Besteuerung	nach Besteuerung	vor Besteuerung	nach Besteuerung	vor Besteuerung	nach Besteuerung
Belgien	2,3876	2,3662	1,4241	1,3732	8,0698	8,5000
Deutschland	2,2013	2,0524	1,3648	1,2723	6,8176	6,6387
Dänemark	-	-	-	-	5,1168	4,5556
Frankreich	1,5371	1,5362	0,9486	0,9420	4,3771	4,3527
Großbrit.	1,4272	1,2667	1,5775	1,4000	1,2441	1,1042
Irland	-	-	-	-	3,8860	3,6261
Italien	1,2174	1,1909	1,0821	1,0581	5,2319	5,1328
Luxemburg	-	-	1,2074	1,1633	6,5704	6,3333
Niederlande	-	-	1,4514	1,3424	6,4306	5,9348

Tabelle 13

Veränderungen des Mehrwertsteuersatzes
Mineralölprodukte

	Normal, Super			Dieselkraftstoff			Heizöl-leicht			Heizöl-schwer		
	75	78	79	75	78	79	75	78	79	75	78	79
Belgien	6	16	16	14	16	16	6	6	6	6	6	6
Deutschland	11	12	13	11	12	13	11	12	13	11	12	13
Dänemark	15	18	20,3	15	18	20,3	15	18	20,3	15	18	20,3
Frankreich	17,6	17,6	17,6	17,6	17,6	17,6	17,6	17,6	17,6	17,6	17,6	17,6
Großbrit.	25	12,5	15	8	8	15	0	0	0	0	0	0
Irland	6	10	10	6	10	10	6,7	0	0	6,7	0	0
Italien	12	12	12	12	12	12	12	14	14	12	14	14
Luxemburg	5	5	5	5	5	5	5	5	5	5	5	5
Niederlande	16	18	18	5	18	18	4	18	18	4	18	18
$\overline{x}$:	12,6	13,5	14,1	10,5	13	14,1	8,5	10	10,4	8,5	10	10,4

Tabelle 14 Steigerung der absoluten Mehrwertsteuer-Belastung um das x -fache zwischen den Jahren 1975 und 1979

	Normal	Super	Diesel	Heizöl-leicht
Belgien	3,80	3,73	1,93	1,96
Deutschland	1,82	1,76	1,82	2,53
Dänemark	2,43	2,4	2,87	3,08
Frankreich	1,58	1,5	1,60	1,7
Großbrit.	0,73	0,72	2,72	0
Irland	1,61	1,59	1,81	0
Italien	1,02	1,00	1,6	1,62
Luxemburg	1,50	1,48	1,81	1,95
Niederlande	1,7	1,70	7,20	9,4
$\bar{x}$:	1,8	1,76	2,03 (ohne NL) 2,6 (mit NL)	1,6 (ohne NL) 2,47(mit NL)

Tabelle 15: Verbrauchsteuersätze am 1.7.1975; 1.7.1978; 1.8.1979
(bezogen auf jeweils 1 hl)

		Normalbenzin			Superbenzin			Dieselkraftstoff			Heizöl - leicht			Heizöl - schwer (Belastung pro t)		
		1975	1978	1979	1975	1978	1979	1975	1978	1979	1975	1978	1979	1975	1978	1979
Belgien	bfr.	760,-	760,	760,-	760,-	760,-	760,-	280,-	280,-	280,-	45,-	45,-	45,-	100,-	100,-	100,-
Deutschland	DM	44,-	44,-	44,-	44,-	44,-	44,-	41,45	41,45	41,45	0,83	1,67	1,67	15,-	15,-	15,-
Dänemark	dkr.	86,08	132,-	182,-	86,08	132,-	182,-	-	-	30,-	-	-	30,-	-	-	300,-
Frankreich	ff	68,69	122,58	132,58	72,39	130,43	141,26	42,07	66,22	74,55	1,83	10,16	13,82	-	-	0,8
Großbritannien	£	4,95	6,60	8,14	4,95	6,60	8,14	4,95	9,24	9,24	0,22	0,55	0,55	2,29	5,70	5,70
Irland	£	7,49	9,55	9,55	7,49	9,55	9,55	3,90	3,90	3,90	-	0,44	0,44	-	4,58	4,58
Italien	lit.	16.495,-	29.425,-	29.425,-	17.072,-	30.460,-	30.250,-	4.960,-	2.450,-	2.499,-	41,50	1.837,-	1.837,-	800,-	1.000,-	1.000,-
Luxemburg	lfr.	535,-	565,-	565,-	535,-	565,-	565,-	115,-	145,-	145,-	38,-	38,-	38,-	100,-	100,-	100,-
Niederlande	hfl.	46,-	48,-	48,-	46,-	48,-	48,-	18,46	18,46	18,46	3,26	3,26	3,26	14,-	14,-	14,-

Tabelle 16: Sonstige Abgaben (Belastung am 1.7.1975; 1.7.1978; 1.8.1979; pro hl)

		Normalbenzin			Superbenzin			Dieselkraftstoff			Heizöl - leicht			Heizöl - schwer (Belastung pro t)		
		1975	1978	1979	1975	1978	1979	1975	1978	1979	1975	1978	1979	1975	1978	1979
Belgien	bfr.	-	-	-	-	-	-	-	-	-	-	-	-	-	-	-
Deutschland	DM	-	-	0,53 EBV	-	-	0,53 EBV	-	-	0,46 EBV	-	-	0,46 EBV	-	-	3,50 EBV
Dänemark	dkr.	-	-	-	-	-	-	-	70 Öre 24,8Öre	2,49	-	70 Öre 24,8Öre	2,49	-	80 25	25
Frankreich	ff	3,98	1 KWS 3 Ölabg.	1 3	3,98	1 KWS 3 Ölabg.	1 3	-	1 KWS	1	-	1 KWS	1	-	-	-
Großbritannien	£	-	-	-	-	-	-	-	-	-	-	-	-	-	-	-
Irland	£	-	-	-	-	-	-	-	-	-	-	-	-	-	-	-
Italien	lit.	-	-	-	-	-	-	-	-	-	-	-	-	-	-	-
Luxemburg	lfr.	-	-	-	-	-	-	-	-	-	-	-	-	-	-	-
Niederlande	hfl.	0,3	0,86	0,86	0,3	0,86	0,86	0,05	0,18	0,18	0,05	0,11	0,11	0,55	1,08	1,08

Tabelle 17: Steigerung der Gesamtbelastung zwischen 1975 und 1979 um das X-fache

	Normalbenzin 79/75	Superbenzin 79/75	Dieselkraftstoff 79/75	Heizöl - leicht 79/75	Heizöl - schwer 79/75
Belgien	1,42	1,42	1,40	1,52	1,20
Deutschland	1,37	1,37	1,25	2,70	1,92
Dänemark	2,25	2,24	5,69	6,66	6,37
Frankreich	1,72	1,68	1,67	9,62	1,64
Großbritannien	0,97	0,97	1,50	1,78	1,64
Irland	0,89	0,89	0,80	0,04	0,94
Italien	0,96	1,04	1,22	2,74	1,36
Luxemburg	1,29	1,29	1,57	1,50	1,23
Niederlande	1,37	1,37	1,81	3,19	
X	1,36	1,36	1,87	ohne Dk und F: 1,92 gesamt: 3,31	1,81

<u>Tabelle 18:</u> Anteil der Mehrwertsteuer an der Gesamtbelastung 1975 - 1979 (in v.H.)

	Normalbenzin			Superbenzin			Dieselkraftstoff			Heizöl - leicht		
	1975	1978	1979	1975	1978	1979	1975	1978	1979	1975	1978	1979
Belgien	9.080	22,199	24,293	9.388	22,781	24,597	26,996	31,594	37,330	36,552	38,462	48,372
Deutschland	15,565	18,138	20,685	16,707	19,034	21,499	17,170	18,997	22,781	80,451	65,241	76,338
Dänemark	24,506	24,194	26,504	25,000	24,575	26,805	+++	65,316	50,717	+++	61,517	47,412
Frankreich	25,550	22,636	23,575	26,392	22,999	23,755	29,252	26,560	28,331	84,456	54,608	52,552
Großbritannien	38,728	21,521	29,240	39,200	21,833	29,577	15,385	15,259	28,027	0	0	0
Irland	11,478	16,627	20,901	11,823	16,421	21,163	14,973	25,290	33,864	+++	0	0
Italien	15,715	14,854	16,207	15,842	15,007	16,336	22,562	41,476	54,489	94,891	49,112	56,720
Luxemburg	9,023	9,244	10,540	9,316	9,542	10,712	20,895	18,736	23,281	35,066	37,500	48,045
Niederlande	21,802	24,734	27,288	22,428	25,137	27,855	9,967	34,305	39,585	26,316	63,030	78,333

Tabelle 19: Veränderung der relativen Preise ausgewählter Energieträger in den Jahren 1975 und 1979

	Normalbenzin / Dieselkraftstoff		Normalbenzin / Superbenzin		Superbenzin / Dieselkraftstoff	
	1975	1979	1975	1979	1975	1979
Belgien	1,12	1,00	0,80	0,91	1,22	1,03
Deutschland	0,81	0,85	0,82	0,91	0,80	0,93
Dänemark	1,25	1,07	0,95	0,97	1,31	1,11
Frankreich	1,26	1,12				
Großbritannien	1,19	0,97	0,97	0,97	1,23	0,99
Irland	1,09	0,97	0,94	0,97	1,16	0,99
Italien	1,29	0,96				
Luxemburg	1,11	1,00	0,92	0,97	1,20	1,04
Niederlande	1,08	1,08	0,94	0,97	1,16	1,14

Literaturverzeichnis

A Einzelwerke, Artikel und Aufsätze mit Verfasserangabe

Adelmann, M.: The World Petroleum Market, Resouras for the Future, Baltimore 1972

Beaumont, D. de: Harmonisation des fiscalitės europeénnes, Paris 1955

Beichelt, B.; Biervert, B.; Daviter, J. ; Schmölders, G.; Strumpel, B: Steuernorm und Steuerwirklichkeit, Band II: Steuermentalität und Steuermoral in Großbritanien, Frankreich, Italien und Spanien, Köln - Opladen 1969

Berolzheimer, J.: Probleme internationaler Finanzvergleiche, in: Handbuch der Finanzwissenschaft, 2. Auflage, Bd. 4, Tübingen 1965

Briner, E.: Internationales Steuerlexikon, Bd.: Belgien, Niederlande, Luxemburg; Zürich 1978, Bd.: Frankreich, Zürich 1978

Cuny, H.: Chemie, 9. Auflage, Hannover 1972

Dickertmann, D; Voss, A.: Der Kohlepfennig - eine getarnte Steuer, in: Wirtschaftsdienst 1/79

Fritsche, M.: Fiskalregime von Bergbauvorhaben, Frankfurt 1979

Gerthsen, Chr.; Kneser, H.O.: Physik, 1o. Auflage, Berlin-Heidelberg-New-York 1969

Hansmeyer, K.-H.: Steuern auf spezielle Güter, in: Handbuch der Finanzwissenschaft, Bd. II, 3. Auflage, Tübingen 1979

ders.: Finanzwissenschaftliche Aspekte der Energiebesteuerung, in: Duwendag, D.; Siebert, H. (Hrsg): Politik und Marktwirtschaftliche Probleme der Achtziger Jahre, Stuttgart-New York 198o

Hansmeyer, K.-H.; Fürst, D.: Die Gebühren, Stuttgart-Berlin-Köln-Mainz 1969

Hansmeyer, K.-H.; Mackscheidt: Finanzpsychologie, in: Handbuch der Finanzwissenschaft, Bd.I, 3.Auflage, Tübingen 1976

Hauenschild, K.: Strukturwandel und Energiepolitik, in: Krüper, M. (Hrsg): Energiepolitik; Kontroversen-Perspestiven, Köln 1977

Heinig, K.: Das Budget, Bd.II: Das Budgetwesen, Tübingen 1951

Henninger-Frank: Lehrbuch der Chemie, Stuttgart 1965

Kolditz, L. (Hrsg): Anorganikum - Anorganisch-Chemisches Lehr- und Praktikumsbuch, 2. durchgesehene Auflage, Berlin (Ost) 1968

Krüper, M.: Energieverteuerung durch Sondersteuer? in: Wirtschaftsdienst, 57. Jahrgang, 1977

Markiller, K.: Konzessionsabgaberecht, 2. Auflage, München 1978

Mennel, A.: Die Steuersysteme in EWG-Staaten, EFTA-Staaten und den USA, 2. Auflage, Herne - Berlin 1974

Müller-Haeseler, W.: Wie sicher ist unsere Stromversorgung? in: FAZ Nr. 23 vom 27.1.79

Musgrave, R.: Finanztheorie, 2. Auflage, Tübingen 1969

Regul, R.; Megow, H.: Steuern und Zölle im Gemeinsamen Markt: Die Mineralölsteuer in den Ländern der EWG, Juni 1975

Rose, G.: Die Steuerbelastung der Unternehmung, Wiesbaden 1973

Schibler, D.: Die Grundsatzfrage einer Besteuerung der Energiequellen im Rahmen eines Angleichungsprozesses der Europäischen Steuersysteme, Winterthur 1961

Schmitt, D.; Schürmann, J.: Energiesteuern - eine wenig praktikable Alternative! in: Wirtschaftsdienst, 57.Jg.

Schmölders, G.: Einführung in die Geld- und Finanzpsychologie, Darmstadt 1975

ders.: Finanzpolitik, 3. neu überarbeitete Auflage, Berlin-Heidelberg-New York 1970

Schmölders, G.; Hansmeyer, K.H.: Allgemeine Steuerlehre, 5. Auflage, Berlin 1980

Schubert, W.: Die Kumulativwirkung der deutschen Umsatzsteuer, Köln 1951

Schueller, E.: L'impôt sur l'energie, Paris 1952

Sievert, O.: Besteuerung von engpaßverdächtigen Energieträgern, in: Wirtschaftsdienst, 57. Jahrgang, 1977

Stoy, B.: Sonnenenergie, geothermische Energie, Massenanziehung; Heidelberg 1976

B Veröffentlichungen ohne Verfasserangaben

Arbeitsgemeinschaft Energiebilanzen: Energiebilanzen Düsseldorf 197o

Arbeitsgemeinschaft Energiebilanzen: Energiebilanzen der Bundesrepublik Deutschland, Bd. II, Frankfurt/M. 1978

Blick durch die Wirtschaft, Frankfurt 3.1o.1975

Bundesministerium der Finanzen: Vorschriftensammlung der Bundesfinanzverwaltung, Verbrauchsteuern; Abschnitt: Abgaben auf Mineralöl, Fachteil: Mineralöl-Zoll; Ausgabe Februar 1974

Bundesministerium für Wirtschaft: Tagesnachrichten, Nr. 7648

Camera di Commercio Industria Artigianato e Agricoltura di Milano: Listino setlimanole dei prezzi all'nigrosso sulla piazza di Milano, 12. mazo, 1979

Entschließung des Rates der Europäischen Gemeinschaften vom 9. Dezember 1975 betreffend die Festlegung eines kurzfristigen Ziels im Bereich der Energieeinsparung 1976 - 1977; Abl. C289/1, 17.12.75

Gesetz betreffend den Vertrag vom 18.4.1951 über die Gründung der Europäischen Gemeinschaft für Kohle und Stahl vom 29.4.1952, BGBL II, vom 6.5.1952 S. 445

Gesetz über die weitere Sicherung des Einsatzes von Gemeinschaftskohle in der Elektrizitätswirtschaft (Drittes Verstromungsgesetz) vom 13.12.74 (BGBl. I S. 3473)

Institut für Finanzwissenschaft und Steuerrecht (Hrsg): Steuerauslandsdienst Nr. 39, Wien 1977

Jahrbuch der Europäischen Erdölindustrie 1975, Hamburg 1975

Kommission der Europäischen Gemeinschaften: Die Energiepolitik der Gemeinschaft, Brüssel-Luxemburg 1976

Kommission der Europäischen Gemeinschaften, Generaldirektion Finanz- und Steuerfragen: Inventar der Steuern, die in den Mitgliedstaaten der Europäischen Gemeinschaften zugunsten der Staaten und ihrer Gebietskörperschaften erhoben werden, Ausgabe 1974, Luxemburg - Brüssel 1974

Mitteilungen der - Königlich Dänischen Botschaft, Bonn
des - Finanzattaches der Französischen Botschaft, Bonn
- Luxemburgischen Botschaft, Bonn

Rat der Europäischen Gemeinschaften: EWG-Richtlinie Nr. 71/354 des Rates vom 18. Oktober 1971

Statistisches Amt der Europäischen Gemeinschaften:
- Gaspreise 197o - 1976, Luxemburg 1977
- Gas Prices 1976 - 1978, Luxembourg 1979
- Jahrbuch Energiestatistik 197o - 1975, Luxemburg 1976
- Jahrbuch Eisen und Stahl 1977, Luxemburg 1978
- Monatsbulletin Elektrizität, Nr. 2/79, Luxemburg 1979
- Nutzenergiebilanzen 1975, Luxembourg-Bruxelles 1978
- Steuerstatistik 197o - 1976, Luxemburg 1978

Statistisches Bundesamt: Fachserie 17: Preise, Reihe 7: Preise und Preisindices für die Lebenshaltung, Wiesbaden 1978

Statistiques et Etudes Financierès, No. 47, Paris November 1952

Statistisches Reichsamt: Verbrauch und Einkommen in der Steuerwirtschaft, Einzelschriften zur Statistik des Deutschen Reichs, Nr. 35, Berlin 1937

Tabellenbuch für metallverarbeitende Berufe, Freudenstadt 1967

Unveröffentlichte Manuskripte der
- Kommission der Europäischen Gemeinschaften, Generaldirektion Finanzinstitutionen und Steuerfragen;
- Kommission der Europäischen Gemeinschaften, Generaldirektion Energie, Direktion Kohlenwasserstoffe, Direktion Kohle
- ARAL-AG, Gelsenkirchen
- ESSO-AG, Hamburg
- SHELL-AG, Hamburg
- Statistisches Amt der Europäischen Gemeinschaften, Abteilung Energie
- Wirtschaftsverband Erdöl- und Erdgasgewinnung e.V., Hannover
- UNIPEDE

Zweite Fortschreibung des Energieprogramms der Bundesregierung (BT-Drucksache 8/1357)

Zustimmungsbedürftige Verordnung über den Prozentsatz der Ausgleichsabgabe nach dem Dritten Verstromungsgesetz für das Jahr 1979 (Bundestagsdrucksache 8/23o7)

FORSCHUNGSBERICHTE
des Landes Nordrhein-Westfalen

Herausgegeben
vom Minister für Wissenschaft und Forschung

Die ,,Forschungsberichte des Landes Nordrhein-Westfalen" sind in zwölf Fachgruppen gegliedert:

Geisteswissenschaften
Wirtschafts- und Sozialwissenschaften
Mathematik / Informatik
Physik / Chemie / Biologie
Medizin
Umwelt / Verkehr
Bau / Steine / Erden
Bergbau / Energie
Elektrotechnik / Optik
Maschinenbau / Verfahrenstechnik
Hüttenwesen / Werkstoffkunde
Textilforschung

WESTDEUTSCHER VERLAG
5090 Leverkusen 3 · Postfach 300620

GPSR Compliance

The European Union's (EU) General Product Safety Regulation (GPSR) is a set of rules that requires consumer products to be safe and our obligations to ensure this.

If you have any concerns about our products, you can contact us on ProductSafety@springernature.com

In case Publisher is established outside the EU, the EU authorized representative is:

Springer Nature Customer Service Center GmbH
Europaplatz 3
69115 Heidelberg, Germany

Batch number: 10809636

Printed by Printforce, the Netherlands